Benedikt J. Schneider

Digital unterrichten

Apps & Co. im **Deutschunterricht** gezielt einsetzen

Fertige Stundenentwürfe

Cornelsen

Der Autor des Bandes

Benedikt J. Schneider ist Lehrer für Deutsch und katholische Religionslehre am Gymnasium der Stadt Würselen und unterrichtet dort in mehreren Tabletklassen. Darüber hinaus beschäftigt er sich als Dozent am Lehrstuhl für Fachdidaktik Deutsch der RWTH Aachen u. a. mit dem Nutzen und den Möglichkeiten des Tableteinsatzes im Deutschunterricht.

Projektleitung: Dorothee Weylandt, Berlin
Redaktion: Birte Meyer, Berlin
Umschlaggestaltung: Corinna Babylon, Berlin
Layout und technische Umsetzung: fotosatz griesheim GmbH, Griesheim

www.cornelsen.de

2. Auflage 2019

© 2019 Cornelsen Verlag GmbH, Berlin

Druck: Parzeller print & media GmbH & Co. KG, Fulda

ISBN 978-3-589-16516-2

PEFC zertifiziert
Dieses Produkt stammt aus nachhaltig bewirtschafteten Wäldern und kontrollierten Quellen.
www.pefc.de
PEFC/04-31-1308

Inhaltsverzeichnis

Vorwort

Mit der Zeit gehen: Ein Plädoyer für das „Lernen mit digitalen Medien"

22.30 Uhr, Sonntagabend: Marie sendet noch schnell einen Schlafemoji in ihre Klassenchatgruppe, bevor sie das Smartphone weglegt und einschläft. Acht Stunden später, Montagmorgen, der Wecker klingelt. Müde tastet Marie nach ihrem Smartphone, um den Alarm auszustellen …

So wie in diesem fiktiven Beispiel skizziert, sind Smartphones aus unserem Alltag und dem unserer Schülerinnen und Schüler nicht mehr wegzudenken. Sie sind zum ständigen Begleiter geworden. Wir fragen sie, wie das Wetter wird, wie wir am schnellsten von A nach B kommen und wo wir am günstigsten einkaufen können. Sie helfen uns, unser Leben zu organisieren und ermöglichen eine völlig neue Kommunikations- und Informationskultur.

Tatsächlich verfügten laut der „JIM-Studie" („Jugend, Information, (Multi-)Media") im Jahr 2018 über 97 Prozent aller Jugendlichen (im Alter von 12 bis 19 Jahren) über ein Smartphone, mit dem sie sich wie selbstverständlich im Internet bewegen (JIM 2018:8). Im Alltag nutzen sie es primär, um miteinander über Messenger-Dienste wie Whatsapp zu kommunizieren, sich in den sogenannten sozialen Medien zu präsentieren und gegenseitig zu bewerten sowie um Musik zu hören oder Videos anzuschauen. Darüber hinaus wird das Smartphone verwendet, um Informationen zu recherchieren oder um zu spielen (JIM 2018:32f). Schließlich nehmen auch Kalender-, Wecker- und Notizfunktion im Leben der Jugendlichen eine wichtige Rolle ein. Nicht zuletzt ersetzt das Smartphone auch die Armbanduhr.

In Deutschlands Schulen hat die „digitale Revolution" häufig noch nicht Einzug gehalten. Bisher werden Smartphones, Tablets und Co. oftmals sogar aus den Schulen verbannt. „Smart auch ohne Phone" lauten solche plakativen, von der Grundaussage sicherlich nicht schlechten Wahlsprüche. Diese erzwungene Verzerrung der Wirklichkeit hat aber zur Konsequenz, dass der richtige Umgang mit den digitalen Medien zwangsläufig seltener eingeübt und kritisch reflektiert wird.

Die Lebenswirklichkeit der Schülerinnen und Schüler wird so mehr oder weniger bewusst ignoriert und missachtet. Der typische Unterricht findet nach wie vor analog statt. Dabei ist es eine wichtige Aufgabe von Unterricht und Schule, die Jugendlichen da abzuholen, wo sie stehen und sie auch mit alltagsrelevantem Wissen zu versorgen – sie zu jungen Menschen zu erziehen, die kritisch und reflektiert mit den digitalen Medien umgehen. Schließlich gehört der sichere und reflektierte Umgang mit den digitalen Medien und dem Internet in vielen Berufen sowie in Ausbildung und Studium zu den Grundvoraussetzungen.

Seit Jahren wächst die Zahl der Schulen und Lehrer, die sich auf den Weg machen und die Vorteile und Möglichkeiten der digitalen Medien gezielt für ihren Schul- und Unterrichtsalltag nutzen. Auch die Bildungspolitiker auf Bundes- wie Landesebene sowie die Kultusministerkonferenz haben die Zeichen der Zeit erkannt und setzen vermehrt auf eine Digitalisierung der Schullandschaft: Im Beschluss der Kultusministerkonferenz vom 8. Dezember 2016 „Bildung in der digitalen Welt", ist die Rede von einer „digitale[n] Revolution". Auch Formulierungen wie der in den 1990er-Jahren durch Dieter Baacke geprägte Begriff „Medienkompetenz" oder der oft synonym gebrauchte Ausdruck „Medienbildung" stehen immer häufiger in den Lehrplänen. Mediencurricula werden in den einzelnen Bundesländern verpflichtend und Konstrukte wie beispielsweise der „Medienkompetenzrahmen NRW" ins Leben gerufen.

Viele Lehrkräfte sehen jedoch den medialen Wandel kritisch. Selbstverständlich nutzen sie digitale Medien in ihrem privaten Alltag, schließen diese aber – oft ebenso selbstverständlich – aus dem Unterrichtsalltag aus. Die Gründe dafür liegen häufig in der medialen Ausstattung der Schule, die vielerorts noch verbessert werden muss, aber auch in der Unsicherheit und dem Unwissen im Umgang mit den neuen digitalen Möglichkeiten.

Grundsätzlich gilt natürlich, dass der Unterricht nicht um das Medium herum geplant werden sollte, sondern dass das Medium zielführend und da, wo es sinnvoll und hilfreich erscheint, eingesetzt werden sollte. Wie dieser Einsatz aussehen könnte und was er letztendlich für den Unterricht bedeutet, zeigt der Medienwissenschaftler Ruben Puentedura mit seinem „SAMR-Modell", in dem er vier Kategorien bildet: Ersetzung, Erweiterung, Änderung und Neubelegung des Unterrichts durch digitale Medien.

Der Einsatz von digitalen Medien kann ganz einfach, ersetzend oder erweiternd sein, wenn die Technik an die Stelle des bisherigen Arbeitsmittels tritt oder es um eine Komponente erweitert: beispielsweise ein Arbeitsblatt, das digital ausgefüllt wird oder zusätzlich noch um Bilder und Verlinkungen ergänzt wird. Der Einsatz kann aber auch eine Umgestaltung oder Neubelegung des Unterrichts zur Folge haben. Die Arbeit mit interaktiven Lernvideos ist ein Beispiel dafür. Durch den Technikeinsatz werden neue Unterrichtskonzepte ermöglicht – aber auch benötigt. Im Konzept des symmedialen Unterrichts wird durch Lernformen wie „Blended Learning", bei dem analoges und digitales sowie häusliches und schulisches Lernen über eine Lern-plattform miteinander verbunden werden, oder „Flipped Classroom", bei dem Erarbeitungs- und Übungs-phasen getauscht werden, ein hoher Grad an Individualisierung erreicht. Auch das Miteinander-Lernen, das kooperative und kollaborative Lernen, wird durch digitale Medien deutlich vereinfacht und gefördert.

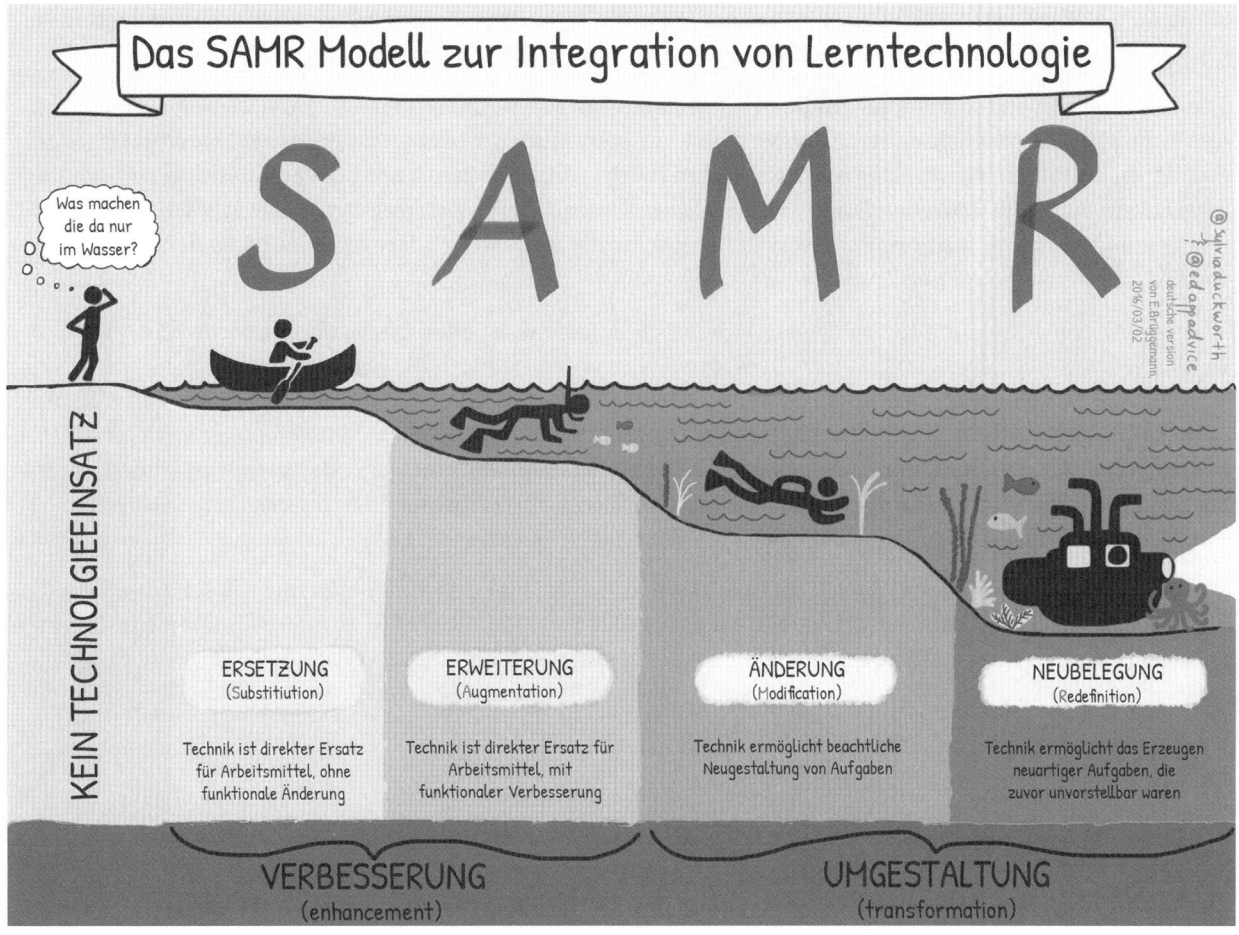

SAMR-Modell von Ruben Puentedura, deutsche Übersetzung Ekkehard Brüggemann, Illustration Sylvia Duckworth

Digitale Medien und Deutschunterricht?

Der Deutschunterricht nimmt beim Thema Medien eine ganz besondere Rolle ein, schließlich beschäftigt man sich dort seit jeher mit Sprache und Texten – mit Medien eben. Kaum anders sieht es bei den digitalen Medien aus. Auch sie nutzen Sprache und Text. Außerdem sind sie bzw. die mit ihnen erstellten Produkte in vielen Bereichen des Faches explizit Lerngegenstand. Da bietet es sich an, diesen Lerngegenstand zugleich auch als Lernmittel einzusetzen und in der reflektierten Anwendung besser kennenzulernen. Dies funktioniert in allen Kompetenzbereichen der Lehr- und Bildungspläne (Sprechen und Zuhören, Schreiben, Lesen – Umgang mit Texten und Medien, Reflexion über Sprache und Sprachgebrauch). Wenn mit den Schülerinnen und Schülern beispielsweise über die Literaturrecherche gesprochen wird, ist der Einsatz digitaler Medien und ihre Reflexion nicht nur zeitgemäß, sondern auch wichtig.

Die bedeutsame Rolle, die die Auseinandersetzung mit digitalen Medien im Deutschunterricht einnimmt, wird auch daran deutlich, dass zeitweilig darüber diskutiert wird, die Bereiche Literaturdidaktik und Sprach-didaktik um den Bereich der Mediendidaktik zu erweitern.

Mut machen und zeigen wie es geht: Eine kurze Einführung in das digitale Unterrichten mit diesem Band

Die Unterrichtsideen in diesem Band sollen Mut machen, sich den neuen Möglichkeiten zu öffnen und Beispiele aufzeigen, wie digitale Medien ein Gewinn für den Unterricht sein können. Sie sind für einen Deutschunterricht in der Sekundarstufe I ausgelegt, können aber ohne Weiteres für andere Jahrgangsstufen, auch die Sekundarstufe II, angepasst werden. Ebenso verhält es sich mit den Themen. Im Vordergrund steht jeweils die Vorstellung einer App bzw. Internetseite in einer konkreten Unterrichtssituation. Die Themen dienen lediglich der Veranschaulichung.

Alle Unterrichtsentwürfe sind transparent und verständlich in Form knapper Tabellen aufgebaut. Ihnen voran steht eine stichpunktartige Auflistung der Medien und Materialien, die Sie bereithalten müssen, sowie eine Auflistung der Ziele und Kompetenzen. Mithilfe von Kopiervorlagen und Arbeitsblättern werden einzelne Elemente veranschaulicht und für den Einsatz im Unterricht aufbereitet.

Trauen Sie sich! Sie sind nicht allein! Das Unterrichten mit digitalen Medien ist oft ein Lernen von und mit den Schülerinnen und Schülern. Die klassische Rollenverteilung mit der Lehrperson als Lehrende und den Schülerinnen und Schülern als Lernenden wird zeitweise aufgebrochen, wenn die Schülerinnen und Schüler der Lehrperson bei technischen Fragen Hilfestellung leisten. Sie werden merken, dass ein solches Lernen für alle Beteiligten sehr gewinnbringend sein kann und Sie die eine oder andere Seite an Ihren Schülerinnen und Schülern neu kennenlernen.

Was Sie für die Umsetzung neben diesem Band noch brauchen, ist ein digitales Endgerät. Aufgrund von Leistungsdaten, Akkulaufzeit, Gewicht, Bedienbarkeit und Preis empfiehlt sich ein Tablet. Auch ihre Schülerinnen und Schüler sollten mobil unterwegs sein. Erlauben Sie ihnen, ihre Smartphones zu nutzen oder ihre Tablets und Laptops mit in den Unterricht zu bringen. In vielen Haushalten sind diese Geräte bereits vorhanden. Angenehmer ist es allerdings, wenn Ihre Schule Tablets zur Verfügung stellt. So können Sie weitestgehend sicher sein, dass bei den Schülergeräten keine technischen Schwierigkeiten auftreten.

Darüber hinaus brauchen Sie für viele der Unterrichtsideen einen Internetzugang im Klassenraum über WLAN und einen Beamer, um Inhalte für alle sichtbar zu projizieren. Letzterer ist oftmals schon vorhanden, während die Installation eines flächendeckenden Schul-WLAN häufig noch nicht stattgefunden hat. In einem solchen Fall können beispielsweise mobile Hotspots genutzt werden.

Alle vorgestellten Apps sind für iOS (Betriebssystem von Apple) erhältlich, die meisten davon auch für Android und einige auch für Windows. Darüber hinaus können die Apps, bis auf wenige Ausnahmen, auch über Internetbrowser ausgeführt und so sehr vielfältig eingesetzt werden.

Es wurde versucht, Apps vorzustellen, die keine vorherige Registrierung seitens der Schülerinnen und Schüler erfordern. Ein Lehrer-Account ist dennoch oftmals unerlässlich. Viele Apps bieten jedoch eine komfortable Registrier- und Login-Funktion über die Verknüpfung mit einem Google-Account an.

Die zu Beginn eines Themenkomplexes und einer jeden Unterrichtsidee angegebenen Medien lassen sich oft auch durch andere digitale Medien wie z.B. Notebooks oder Smartphones ersetzen. Meist ist dann aber die Funktionalität eingeschränkt und das Arbeiten durch Faktoren wie einen zu kleinen Bildschirm oder die fehlende Möglichkeit, direkt mit einem Stylus, einem Eingabestift, in das Dokument zu zeichnen, erschwert.

Hilfreiche Apps zum Classroom-Management

Classroom

Soll das Tablet im Unterricht eingesetzt werden, befürchten Skeptiker und Kritiker häufig ein großes Ablenkungspotenzial, das von dem neuen Medium ausgeht. Natürlich ist es verlockend, die vielen Funktionen einmal auszuprobieren, sodass man in der Phase der Erstbegegnung mit dem Medium auch dafür Zeit einräumen sollte. Nutzt man das Tablet jedoch häufig im Unterricht, verliert es mehr und mehr die Magie des Neuen und wird immer stärker als Arbeitsmittel wahrgenommen.

Ähnlich wie in den Sprachlaboren der 1970er- und 1980er-Jahre und den Computerräumen der 1990er- und 2000er-Jahre besteht die Möglichkeit, die von den Schülerinnen und Schülern genutzten Medien zu kontrollieren. Über eine App lassen sich die Tablets der SuS verwalten und so eine unerwünschte Nutzung unterbinden. Hierzu wird für das I-Pad die App Classroom angeboten, mit der nicht nur die Bildschirme aller I-Pads einer Klasse in Echtzeit betrachtet werden können, sondern auch auf den I-Pads der Schülerinnen und Schüler eine App geöffnet und auf diese fokussiert werden kann. So kann das Gerät beispielsweise beim Schreiben einer Klassenarbeit oder eines Tests auf eine App wie Pages oder Notability beschränkt werden. Erst wenn der Lehrer das I-Pad wieder freigibt, können andere Apps geöffnet werden. Google bietet über seine Android-App Google Classroom ähnliche Funktionen an. Außerdem gibt es weitere Apps wie Casper Focus oder ZuluDesk (beide iOS), die eine Klassenraumsteuerung bieten.

Team Shake

Soll im Unterricht Gruppenarbeit stattfinden, bietet sich die Verwendung von Team Shake (iOS) an. Mit dieser App können auf dem I-Pad in Sekundenschnelle Zufallsteams nach zuvor eingestellten Parametern (Gruppengröße, Anzahl der Gruppen, Zusammensetzung nach Geschlecht, nach Leistung ...) ausgelost werden. So lässt sich nicht nur viel Zeit sparen, sondern auch manch eine Diskussion umgehen.

Classroomscreen

Ebenfalls nützlich ist die Internetseite von Classroomscreen, über die auf dem Beamer verschiedene Angaben wie die verbleibende Arbeitszeit, der Arbeitsauftrag oder auch eine Zeichnung visualisiert werden können. Darüber hinaus lassen sich bequem ein QR-Code generieren und einblenden sowie die Lautstärke mittels eines eingebauten Mikrofons messen. QR-Codes sind übrigens ein wunderbarer Weg, um Schülerinnen und Schüler auf eine Internetseite zu führen, ohne dass sie mühevoll die meist lange URL fehlerfrei abtippen müssen. Es reicht, dass sie mit der Kamera-App oder einem QR-Scanner den Code „einfangen" und schon öffnet sich die gewünschte Internetseite.

Padlet

Eine wundervolle App zum Sammeln von Ergebnissen jeglicher Art (Texte, Bilder, Tonaufnahmen, Videos) sowie zum gemeinsamen Brainstorming und Meinungsaustausch ist Padlet (iOS, Android, Windows). Im Handumdrehen lässt sich eine digitale Pinnwand erstellen, die von den Schülerinnen und Schülern durch Aufrufen der Adresse im Internetbrowser oder in der App gemeinsam gefüllt werden kann. Dabei können viele Parameter eingestellt werden, z.B. ob Kommentare erlaubt sind und ob bzw. wie Beiträge bewertet werden können.

Plickers

Plickers (iOS, Android) ist eine App, für die die Schülerinnen und Schüler kein eigenes digitales Medium benötigen. Mithilfe ausgedruckter Karten, auf denen ein QR-Code zu sehen ist, können im Handumdrehen Abstimmungen getätigt und Multiple-Choice-Antworten eingeholt werden. Dabei steht jede der vier Seiten einer Karte für A, B, C oder D. Je nachdem mit welcher Kante die Schülerinnen und Schüler ihre Karte hochhalten, wählen sie eine von maximal vier Möglichkeiten. Die Lehrperson muss nur noch mit der App das Meinungsbild zusammenführen. Dies geschieht, indem die App über die Gerätekamera in Sekundenschnelle die Karten einliest und die passende Auswertung direkt generiert.
Tipp: Am besten, Sie laminieren die Karten, um sie wiederverwenden zu können.

Viel Spaß und Erfolg beim Unterrichten mit *Apps & Co. im Deutschunterricht!*

P.S.: Aus Gründen der besseren Lesbarkeit wird in diesem Buch durchgehend die männliche grammatische Form verwendet. Natürlich sind damit auch immer Frauen und Mädchen gemeint, also Lehrerinnen, Schülerinnen usw. Im Weiteren werden außerdem die folgenden Abkürzungen verwendet:

SuS – Schülerinnen und Schüler
EA – Einzelarbeit
PA – Partnerarbeit
GA – Gruppenarbeit
LV – Lehrervortrag
UG – Unterrichtsgespräch
AB – Arbeitsblatt

Themenkomplex 1: Briefe schreiben (Klasse 5/6)

Lerninhalte

Die Unterrichtsideen zum Thema „Briefe schreiben" sind für die Klassen 5 und 6 aufbereitet. Es geht darum, ...

- die (neue) Lernumgebung und den Schulalltag an der weiterführenden Schule vorzustellen.
- sich selbst vorzustellen.
- die Textgattung Brief kennenzulernen.
- die Anrede- und dazugehörigen Possessivpronomen richtig zu verwenden.
- Dokumentformatierungen einzuüben.
- ein Quiz zu spielen und zu erstellen.
- Texte gemeinsam zu überarbeiten.

Unterrichtsideen

Titel	Medien
1.1 Die Anredepronomen mittels einer interaktiven Präsentation kennenlernen	• Tablet • Beamer, ggf. AppleTV o. Ä. • WLAN • App für interaktive Präsentationen (z.B. Nearpod (iOS/Android/Windows)/Internetseite Nearpod)
1.2 Einen Brief digital verfassen und formatieren	• PC/Notebook • Beamer • Textverarbeitungs-App (z.B. Pages/Word/Google Docs) • Notiz-App (z.B. Notability (iOS), FiiNote (Android))
1.3 Einen Brief kollaborativ überarbeiten	• PC/Notebook • Beamer, ggf. AppleTV o. Ä. • WLAN • Textverarbeitungs-App (z.B. Pages/Word/Google Docs)
1.4 Ein Quiz zum Thema Briefe und Anredepronomen spielen	• Tablet • Beamer, ggf. AppleTV o. Ä. • WLAN • Quiz-App (z.B. Kahoot)
1.5 Ein Quiz erstellen	• Tablet • Beamer, ggf. AppleTV o. Ä. • WLAN • Quiz-App (z.B. Kahoot)

Unterrichtsidee 1.1: Die Anredepronomen mittels einer interaktiven Präsentation kennenlernen

Mutmacher

Das Schreiben eines Briefes wird gerne mit einer Einheit über die richtige Schreibweise der Anredepronomen verbunden und bildet häufig eine kleine Sequenz zu Beginn des Übergangs von der Grundschule auf die weiterführende Schule.

Um verständlich in die richtige Verwendung der Anredepronomen einzuführen und diese zielgerichtet zu üben, kann das Thema den SuS mittels einer interaktiven Präsentation über die App Nearpod näher gebracht werden. Mit Nearpod lassen sich bereits vorhandene Präsentationen und anderweitige Dokumente (z.B. im PDF- oder PPT-Format) durch das Einbinden von Aktivitätsfolien interaktiv gestalten.

Ziele / Kompetenzen	Die SuS lernen die Anredepronomen kennen, indem sie ... • das Anredepronomen „Sie" von dem Personalpronomen „sie" abgrenzen. • die Schreibweise und richtige Verwendung der Anredepronomen üben.
Digitale Medien	• Tablet (Klassensatz) • WLAN im Klassenraum • App für interaktive Präsentationen (z.B. Nearpod)
Vorbereitung	Erstellen einer interaktiven Präsentation zu den Anredepronomen mittels der App Nearpod (Anleitungen dazu finden sich u.a. auf der Internetseite von Nearpod).
Sozialform	Plenum, Einzelarbeit
Zeitbedarf	2 x 45 Min.
Achtung!	Die App Nearpod erlaubt in ihrer kostenlosen Basisversion nur Gruppen mit maximal 30 SuS.

Phase	Unterrichtsverlauf	Sozialform	Material
Erläuterung der App	Die Lehrperson macht die SuS mit den grundlegenden Funktionen der App Nearpod vertraut. Ein Beamer ist dafür nicht notwendig, da die SuS die Präsentation über ihr Tablet verfolgen.	LV	Tablet
Einstieg	Die Lehrperson zeigt den SuS über Nearpod eine Karikatur oder einen Dialog, die oder der die Wichtigkeit der richtigen Verwendung und Schreibweise der Anrede-pronomen zur Abgrenzung von den Personalpronomen veranschaulicht. Durch das Einbinden einer Aktivitätsfolie in die Nearpod-Präsentation sind alle SuS zur Mitarbeit aufgerufen. Sie reflektieren z.B. den Inhalt und benennen das sprachliche Problem.	UG EA	Tablet
Erarbeitung	Die Lehrperson stellt den SuS über Nearpod die Regeln zur richtigen Schreibweise der Anredepronomen vor. Die SuS bearbeiten mehrere Aufgaben zur richtigen Ver-wendung der Anredepronomen in Form von Aktivitäts-folien. Die Lehrperson prüft die erarbeiteten Ergebnisse und hilft bei auftretenden Problemen.	LV EA	Tablet
Sicherung	Gemeinsam werden einige der virtuell über Nearpod abgegebenen Lösungen ausgewertet, indem die Lösungen einzeln anonymisiert über Nearpod auf die Schülerbild-schirme gesendet werden. So können aufgetretene Probleme gemeinsam diskutiert werden.	UG	Tablet
Vertiefung	Es folgen weitere Übungsaufgaben (Aktivitätsfolien) zur Schreibung und Verwendung der Anredepronomen, die von den SuS bearbeitet und im Plenum besprochen werden.	EA UG	Tablet

Unterrichtsidee 1.2: Einen Brief digital verfassen und formatieren

> **Mutmacher**
>
> Auch wenn handschriftliche Briefe einen besonderen Reiz haben, sollte dem korrekt formatierten, getippten Brief in der Schule ebenfalls besondere Aufmerksamkeit geschenkt werden.
>
> Die SuS lernen dabei nicht nur die Elemente eines Briefes kennen, sie üben gleichzeitig, einen Brief adressatengerecht zu schreiben und diesen mithilfe eines PCs zu formatieren. Dazu werden Textverarbeitungs-Apps wie Word, Pages oder Google Docs genutzt.

Ziele / Kompetenzen	Die SuS verfassen und überarbeiten einen eigenen Brief, indem sie ... • die Elemente eines Briefes kennenlernen. • den Aufbau eines Briefes verstehen. • ihn passend formatieren. • die Anredepronomen richtig verwenden und schreiben.
Digitale Medien	• PC/Notebook (Klassensatz) • Beamer • Textverarbeitungs-App (z.B. Pages/Word/Google Docs) • Notiz-App (z.B. Notability (iOS), FiiNote (Android))
Vorbereitung	• Brief (siehe AB) als editierbares Textverarbeitungsdokument für die SuS vorbereiten • ggf. Hilfekarten zu Briefaufbau und typischen Fehlern
Material	• Arbeitsblatt • ggf. Drucker zum Ausdrucken der Briefe
Sozialform	Plenum, Einzelarbeit
Zeitbedarf	2 x 45 Min.
Achtung!	Je nach Vorkenntnissen kommen einige SuS mit dem Textverarbeitungsprogramm besser oder schlechter zurecht als andere. Sie können gute SuS ermutigen, anderen SuS bei Problemen zu helfen, um die unterschiedlichen Arbeitsgeschwindigkeiten und Fähigkeiten aufzufangen und nutzbar zu machen.

Phase	Unterrichtsverlauf	Sozialform	Material
Einstieg	Die Lehrperson zeigt den SuS ein Beispiel für einen formal-inhaltlich fehlerhaften Brief (AB) über den Beamer. Sie erkennen, dass es um das Thema „Briefe schreiben" geht und werden von sich aus einige inhaltliche sowie formale Fehler aufzeigen.	UG	Beamer Tablet
Erarbeitung 1	Gemeinsam werden die Elemente eines Briefes und ihre richtige Position im Briefdokument im Unterrichtsgespräch erarbeitet und skizzenhaft über eine Notiz-App am Lehrertablet (oder alternativ an der Tafel) festgehalten.	UG	Beamer Tablet (Tafel)
Einführung der App	Die Lehrperson zeigt den SuS über den Beamer die wichtigsten Funktionen der Textverarbeitungs-App.	LV	Beamer Tablet

Erarbeitung 2	Die SuS erhalten von der Lehrperson den auf dem AB abgedruckten Brief als editierbares Textverarbeitungsdokument (alternativ einen vergleichbar formal-inhaltlich fehlerhaften Brief). Mit dem Textverarbeitungsprogramm sollen sie die Elemente nun in die zuvor kennengelernte richtige Form bringen, indem sie diese mit der Skizze aus dem vorherigen Unterrichtsgespräch vergleichen und den Brief inhaltlich überarbeiten. Bei ihrer Überarbeitung aktivieren sie den „Änderungen nachverfolgen"-Modus. Schnelle und kompetente SuS helfen anderen. *Tipp:* Bei jüngeren SuS, die noch unsicher im Umgang mit dem digitalen Medium sind, bietet es sich an, die Aufgabe in Partnerarbeit zu bewältigen.	EA / PA	PC / Notebook / Tablet AB (Aufgabe 1)
Sicherung	Im Anschluss stellen 2 bis 3 SuS ihre Ergebnisse vor, indem sie ihren PC mit dem Beamer verbinden oder der Lehrperson ihr Ergebnis zuschicken. Dank des „Änderungen nachverfolgen"-Modus ist gut zu erkennen, was wie geändert wurde. Die übrigen SuS ergänzen, korrigieren und verbessern ggf. die vorgestellten sowie ihre eigenen Bearbeitungen.	UG	PC / Notebook / Tablet Beamer
Vertiefung 1	Nachdem sie die Elemente und den Aufbau eines Briefes kennengelernt haben, verfassen die SuS einen eigenen Brief am PC (z.B. an den/die Grundschullehrer/in), den sie richtig formatieren. Diese Briefe können ausgedruckt oder auch per E-Mail-Anhang versendet werden. *Variante:* Als Ergänzung oder Alternative kann auch das Schreiben einer E-Mail geübt werden. Diese kann ebenfalls versendet werden, sodass die SuS mit einer Antwort rechnen können.	EA/PA	PC / Notebook / Tablet AB (Aufgabe 2) (Drucker)
Vertiefung 2	Im Anschluss an diese Unterrichtsidee können die entstandenen Texte überarbeitet werden. Siehe dazu die Unterrichtsidee „1.3 Einen Brief kollaborativ überarbeiten".	EA	PC / Notebook / Tablet

💡 *Tipp:*

Um der Heterogenität in den Klassen gerecht zu werden, bietet es sich an, den SuS Hilfekarten zum Aufbau eines Briefes und zu typischen Fehlern beim Schreiben von Briefen (z.B. zu den Anredepronomen) zur Verfügung zu stellen.

Die Elemente und den Aufbau eines Briefes kennenlernen

Aufgabe 1:

1. Öffne das Dokument mit dem Textverarbeitungsprogramm.
2. Schalte den „Änderungen nachverfolgen"-Modus ein.
3. Ordne die Elemente des Briefes so an, dass der Aufbau korrekt ist.
4. Überarbeite Sprache und Inhalt, wie für einen Brief angemessen.
5. Speichere dein Ergebnis.

An: Frau Schmidt
12345 Musterstadt
Grundschulstraße 14

Von: Marie Klein
12345 Musterstadt
Baumhausstraße 2

Achtung Fehler!

Hi Frau Schmidt,

heute ist der 9. Juli 2018. An meiner neuen Schule gibt es eine Mensa und ganz viele Schüler. Der Schulleiter heißt Herr Sonnig und ist voll nice.

Wie geht es dir? Mir geht es total gut. Ich habe eben einen Kirschkuchen gegessen. Magst du Kirschkuchen auch so gerne?

Mein Lieblingsfach ist immer noch Deutsch, aber der neue Deutschlehrer ist nicht so cool wie du.

Tschüss!
Marie

Schreib zurück!

Aufgabe 2:

1. Verfasse mithilfe des Textverarbeitungsprogramms einen eigenen Brief.
2. Achte darauf, dass du den Brief richtig formatierst.
3. Kontrolliere noch einmal, ob du alle Elemente eines Briefes eingebaut und richtig angeordnet hast.
4. Speichere dein Ergebnis.

Unterrichtsidee 1.3: Einen Brief kollaborativ überarbeiten

Mutmacher

Vielen SuS erscheint das Überarbeiten ihres Textes unnötig – schließlich ist er doch schon „fertig" und in ihren Augen oftmals fehlerfrei. Durch Überarbeitungsprozesse können vermeintlich fertige Texte jedoch sprachlich und inhaltlich an Qualität gewinnen. Es gilt, bei den SuS ein Bewusstsein für Überarbeitungsprozesse zu schaffen. Dazu sind digitale Medien besonders geeignet, da sich mit ihrer Hilfe die in einem Dokument getätigten Änderungen transparent und geordnet protokollieren lassen und mittels der Kommentarfunktion einzelne Anmerkungen passgenau und übersichtlich platziert werden können, sodass deutlich wird, wie wichtig Textüberarbeitungen sind.

Diese Arbeiten können am stationären Rechner oder Laptop, aber auch am Tablet ausgeführt werden. Apps, die das kollaborative Arbeiten unterstützen, werden sowohl von Microsoft (Word) als auch von Apple (Pages) angeboten. Mehrere Autoren können so gleichzeitig an einem Dokument arbeiten. Auch Google bietet eine plattformunabhängige, browsergestützte Möglichkeit des kollaborativen Schreibens mittels der Internetseite Google Docs an.

Ziele / Kompetenzen	Die SuS überarbeiten Briefe. Sie ... • aktivieren Wissen zum Thema „Briefe schreiben". • kooperieren, indem sie gleichzeitig Texte miteinander überarbeiten. • üben Rechtschreibung, Zeichensetzung und Grammatik sowie Satzbau und Ausdruck. • überarbeiten ihren Text anhand von Kommentaren und Änderungsvorschlägen. • reflektieren das Überarbeiten von Texten sowie ihren Schreibprozess.
Digitale Medien	• PC/Notebook (Klassensatz) • Beamer • Textverarbeitungs-App (z.B. Pages/Word/Google Docs)
Vorbereitung	Ggf. Hilfekarten zu Briefaufbau und typischen Fehlern.
Material	• von den SuS verfasste Briefe (z.B. auch aus Unterrichtsidee 1.2) • alternativ: ein von der Lehrperson vorbereiteter, fehlerhafter Brief
Sozialform	Plenum, Gruppenarbeit
Zeitbedarf	2 x 45 Min.

Phase	Unterrichtsverlauf	Sozialform	Material
Einstieg	Im Unterrichtsgespräch wird gemeinsam überlegt, welche Vorteile Textüberarbeitungen haben.	UG	
Erläuterung der App	Ein Schüler gibt seinen zuvor geschriebenen Brief für die Lehrperson frei (Funktion: Zusammenarbeiten/gemeinsame Dokumenterstellung), die diesen über den Beamer visualisiert (siehe auch Unterrichtsidee 1.2). Der Brief wird gemeinsam im Plenum gelesen und durch die SuS sowie die Lehrperson schriftlich am PC kommentiert (Kommentarfunktion) und verbessert (Funktion „Änderungen nachverfolgen"). Dabei werden den SuS automatisch die Funktionen der kollaborativen Textüberarbeitung gezeigt. *Alternative:* Es wird ein von der Lehrperson vorbereiteter, fehlerhafter Brief verwendet.	UG	Brief Beamer PC / Notebook

Erarbeitung	Die SuS bilden Gruppen à 4 SuS und geben sich gegenseitig ihre Dokumente zur Zusammenarbeit frei. In der nun folgenden Phase kommentieren sie die Texte der anderen SuS und berichtigen sie. Dabei nutzen sie die Kommentar- und „Änderungen nachverfolgen"-Funktion.	GA	PC / Notebook
Sicherung 1	Nachdem alle Gruppenmitglieder ihre Texte gegenseitig gelesen haben, betrachten sie wieder ihren eigenen Text, der nun von mindestens 3 weiteren SuS kritisch gelesen wurde. Sie fertigen von diesem einen Screenshot an, auf dem alle Kommentare und Änderungen zu lesen sind.	EA	PC / Notebook
Vertiefung	Die SuS überarbeiten ihre Texte, indem sie die Kommentare berücksichtigen und die Änderungsvorschläge übernehmen oder verwerfen.	EA	PC / Notebook
Sicherung 2	Einige der überarbeiteten Briefe werden im Plenum vorgestellt. Dazu werden sie über den Beamer visualisiert und vorgelesen, indem entweder das Schülergerät mit dem Beamer verbunden wird oder das Dokument zuvor an den Lehrer-PC übertragen wurde.	UG	Beamer PC / Notebook
Reflexion	Die SuS reflektieren den Überarbeitungsprozess und die Veränderungen ihrer Texte. Dazu nutzen sie ihre zuvor angefertigten Screenshots, die sie über den Beamer visualisieren.	UG	Beamer PC / Notebook

🔆 *Tipp:*

Um der Heterogenität in den Klassen gerecht zu werden, bietet es sich an, den SuS Hilfekarten zum Aufbau eines Briefes und zu typischen Fehlern beim Schreiben von Briefen (z.B. zu den Anredepronomen) zur Verfügung zu stellen.

Unterrichtsidee 1.4: Ein Quiz zum Thema Briefe und Anredepronomen spielen

> **Mutmacher**
> Übungsstunden müssen nicht immer nur aus dem Ausfüllen von Arbeitsblättern und dem sich daran anschließenden Frage-Antwort-Spiel bestehen. Mithilfe von digitalen Medien können diese motivierend und schüleraktivierend gestaltet werden. Dies soll anhand der Beschäftigung mit einer beispielhaften Quiz-App gezeigt werden. Quiz-Apps sprechen SuS besonders durch ihre spielerische Art sowie ihren Wettkampfcharakter an und motivieren so, eine möglichst gute Leistung zu erbringen.
> Quiz können nicht nur zur Übung in Unterrichtseinheiten eingesetzt werden, sondern auch zur Abfrage von Vorwissen oder zur Überprüfung von bereits Gelerntem.

Ziele / Kompetenzen	Die SuS spielen ein Multiple-Choice-Quiz zu den Anredepronomen sowie zu den Elementen und dem Aufbau eines Briefes. Sie ... • aktivieren Vorwissen. • festigen und vertiefen bereits Gelerntes. • setzen sich auf spielerische Weise mit den Lerninhalten auseinander.
Digitale Medien	• Tablet (Klassensatz) • WLAN im Klassenraum • Beamer • Quiz-App (z.B. Kahoot)
Vorbereitung	• Screenshot aus der App Quizduell oder z.B. aus der TV-Sendung „Wer wird Millionär" auswählen • Erstellen eines Quiz mit entsprechender App
Material	Lehrermaterial
Sozialform	Gruppenarbeit, Plenum
Zeitbedarf	1 x 45 Min.
Achtung!	Die Quiz-App Kahoot misst in ihrer standardmäßigen Einstellung nicht nur die Richtigkeit von Antworten, sondern auch die benötigte Zeit. Umso schneller eine Frage richtig beantwortet wurde, desto mehr Punkte gibt es. Mehrere in Folge richtig beantwortete Fragen werden ebenfalls besonders honoriert. Durch diesen künstlich erzeugten Zeitdruck sowie den spielerischen Wettbewerb nimmt die Lautstärke im Klassenzimmer eventuell zu. Je nach Schülergruppe kann es daher sinnvoll sein, die Zeitbegrenzung und -messung zu deaktivieren.

Phase	Unterrichtsverlauf	Sozialform	Material
Einstieg	Die Lehrperson zeigt einen Screenshot aus der App Quizduell oder z.B. ein Bild aus der Fernsehsendung „Wer wird Millionär" und leitet so das Thema Quiz ein. Die SuS beschreiben, was sie sehen und berichten von ihrem Vorwissen. Es kann auch darauf eingegangen werden, wieso Menschen Quiz spielen (z.B. aus Spaß, um sich Wissen anzueignen, wegen des Wettbewerbs ...).	UG	Beamer Tablet
Einführung der App	Vorstellung der Quiz-App Kahoot.	LV	Beamer Tablet

Übung	Es wird ein von der Lehrperson vorbereitetes Kahoot-Quiz gespielt (Lehrermaterial), mit dem das zuvor Gelernte zu den Themen „1.1 Die Anredepronomen kennenlernen" und „1.2 Einen Brief digital verfassen und formatieren" geübt wird. Dazu wird von der auf der Internetseite Kahoot eingeloggten Lehrperson das zuvor dort erstellte und gespeicherte Quiz gestartet. Über den Beamer, an den das Lehrertablet angeschlossen ist, sehen die SuS einen PIN-Code, den sie in der App oder auf der Internetseite Kahoot unter „Play!" eingeben. Nachdem sie im Anschluss einen Namen gewählt haben, kann die Lehrperson das Quiz starten. Nun werden die Fragen und Antwortmöglichkeiten (farblich und durch ein Symbol gekennzeichnet) nacheinander auf dem Beamer dargestellt. Die SuS wählen über ihr Tablet eine Antwortmöglichkeit aus, indem sie auf die jeweilige Farbe/das Symbol tippen.	EA	Beamer Tablet Lehrermaterial
Vertiefung	Es bietet sich an, nach oft falsch beantworteten Fragen die richtige Antwort kurz im Plenum erklären zu lassen.	UG	Beamer
Reflexion	Die gesammelten Erfahrungen mit der Quiz-App werden im Plenum diskutiert.	UG	

Ein Quiz spielen

**Beispielfragen und -antworten für ein Quiz zum Thema Briefe und Anredepronomen.
Die jeweils richtigen Antworten sind kursiv gedruckt.**

Frage	Antwort 1	Antwort 2	Antwort 3	Antwort 4
Was steht im Briefkopf?	*Ort und Datum*	*Empfänger und Absender*	Grußformel	Anrede
Wie werden Orts- und Datumsangabe im Briefkopf vermerkt?	Es gibt keine einheitliche Regel.	„den" Datum, Ort	*Ort, „den" Datum*	Ort: Datum
Was gibt es nicht in einem Brief?	Unterschrift	Grußformel	Anrede	*Überschrift*
Welche Aussage ist falsch?	*Man darf in einem Brief keine Fragen stellen.*	In einem Brief spreche ich meine/n Adressaten an.	Der Briefkopf befindet sich oben auf dem Brief.	In vielen Briefen gibt es eine Betreffzeile.
Welche Aussagen sind falsch? Nach der Anrede …	… kann ein Punkt stehen.	… wird nach einem Ausrufezeichen groß weitergeschrieben.	… steht häufig ein Fragezeichen.	… schreibt man nach einem Komma klein weiter.
Was ist die richtige Schreibweise?	Sehr geehrte Frau Schmidt, ich grüße sie herzlich.	*Sehr geehrte Frau Schmidt, ich grüße Sie herzlich.*	Sehr geehrte Frau Schmidt, Ich grüße Sie herzlich.	Sehr geehrte Frau Schmidt, Ich grüße sie herzlich.
Welche Anreden solltest du nicht nutzen, wenn du eine Person siezt?	Sehr geehrte/r	*Moin*	*Hey*	*Hi*
Welche Aussage trifft zu? Beim Siezen …	… werden Anrede-pronomen auf jeden Fall kleingeschrieben.	*… werden Anrede-pronomen auf jeden Fall großgeschrieben.*	… darf man wählen, wie man die Anrede-pronomen schreibt.	… sollte man Anredepronomen vermeiden.
Welche Aussage trifft zu? Beim Duzen …	… werden Anrede-pronomen auf jeden Fall kleingeschrieben.	… werden Anrede-pronomen auf jeden Fall großgeschrieben.	*… darf man wählen, ob die Anrede-pronomen groß- oder kleingeschrieben werden.*	… sollte man Anredepronomen vermeiden.

Unterrichtsidee 1.5: Ein Quiz erstellen

Mutmacher

Beim Thema Quiz können die SuS in die Rolle der Lehrperson schlüpfen und im Sinne eines produktions-orientierten Unterrichts selbst ein Quiz mit Übungsfragen und -aufgaben entwerfen. Diese so entstande-nen Quiz können anschließend im Plenum gemeinsam gespielt werden.

Ziele / Kompetenzen	Die SuS erstellen ein motivierendes Multiple-Choice-Quiz zu den Anredepronomen sowie zu den Elementen und dem Aufbau eines Briefes. Sie ... • aktivieren Vorwissen. • festigen und vertiefen bereits Gelerntes. • sind kreativ tätig und formulieren zum Thema passende Fragen sowie richtige und falsche Antworten. • bearbeiten die Quizfragen anderer SuS. • setzen sich auf spielerische Weise mit den Lerninhalten auseinander.
Digitale Medien	• Tablet (Klassensatz) • WLAN im Klassenraum • Beamer • Quiz-App (z.B. Kahoot)
Vorbereitung	• ggf. SuS auf der Internetseite Kahoot registrieren (siehe „Tipp 1") • ggf. Quiz vorbereiten
Material	Arbeitsblatt 1, Arbeitsblatt 2
Sozialform	Einzelarbeit, Gruppenarbeit, Plenum
Zeitbedarf	2 x 45 Min.
Achtung!	Die Quiz-App Kahoot misst in ihrer standardmäßigen Einstellung nicht nur die Richtigkeit von Antworten, sondern auch die benötigte Zeit. Umso schneller eine Frage richtig beantwortet wurde, desto mehr Punkte gibt es. Mehrere in Folge richtig beantwortete Fragen werden ebenfalls besonders honoriert. Durch diesen künstlich erzeugten Zeitdruck sowie den spielerischen Wettbewerb steigt häufig der Lärmpegel im Klassenzimmer. Je nach Schülergruppe kann es daher sinnvoll sein, die Zeit-begrenzung und -messung zu deaktivieren.

Phase	Unterrichtsverlauf	Sozialform	Material
Einstieg	Falls die SuS Kahoot noch nicht kennen, bietet es sich an, sie probeweise ein Kahoot-Quiz spielen zu lassen (siehe auch Unterrichtsidee 1.4).	EA UG	Beamer Tablet
Einführung der App	Vorstellung der Internetseite Kahoot, damit die SuS später selbst eigene Quiz erstellen können.	LV	Beamer Tablet
Erarbeitung 1	Die SuS erarbeiten 3 bis 5 Fragen mit jeweils 4 möglichen falschen und richtigen Antworten zu einem von der Lehr-person vorgegebenen Thema auf Basis ihres Wissens. Sie notieren ihre Überlegungen auf dem Arbeitsblatt 1.	EA	AB 1

Erarbeitung 2	Gruppen von 3 bis 4 SuS sammeln ihre Fragen, kontrollieren diese und wählen daraus 8 bis 10 Fragen, mit denen sie ein eigenes Kahoot-Quiz erstellen. Dazu benötigt jede Gruppe ein Tablet, das Arbeitsblatt 2 sowie einen kostenlosen Account auf der Internetseite Kahoot (siehe „Tipp 1").	GA	Tablet AB 1 AB 2
Übung	Im Plenum werden zumindest einige der von den SuS erstellten Quiz gespielt (siehe auch Unterrichtsidee 1.4). Dazu benötigen die SuS jeweils ein Tablet und die Kahoot-App bzw. rufen sie die Internetseite von Kahoot auf. So wird das zuvor gelernte Wissen zum Thema auf spielerisch-aktivierende Art vertieft und eingeübt.	UG	Beamer Tablet

☆ *Tipp 1:*

Möchte man nicht, dass die SuS sich auf der Internetseite Kahoot registrieren, kann man beispielsweise einen Klassenaccount einrichten, über den die Quiz von den SuS erstellt werden (Zugangsdaten auf Arbeitsblatt 2 eintragen). In einem Account können mehrere Quiz gleichzeitig erstellt werden. Zum Spielen eines zuvor erstellten Quiz benötigt man hingegen keinen Account.

☆ *Tipp 2:*

Wer den Wettbewerbscharakter noch weiter betonen möchte, kann die SuS ihre in den unterschiedlichen Quiz erreichten Punkte zusammenzählen lassen, um am Ende einen Klassensieger zu küren.

Ein Quiz erstellen

🙎 Aufgabe 1:

Überlege dir 3 bis 5 Fragen sowie jeweils 4 mögliche falsche und richtige Antworten rund um das, was du in den letzten Stunden gelernt hast. Notiere deine Fragen und Antworten in der Tabelle und kennzeichne die richtigen Antworten, indem du beispielsweise den Kasten farbig hervorhebst. Es können auch mehrere Antworten richtig sein.

Frage:			
Antwort 1:	Antwort 2:	Antwort 3:	Antwort 4:

Frage:			
Antwort 1:	Antwort 2:	Antwort 3:	Antwort 4:

Frage:			
Antwort 1:	Antwort 2:	Antwort 3:	Antwort 4:

Frage:			
Antwort 1:	Antwort 2:	Antwort 3:	Antwort 4:

Frage:			
Antwort 1:	Antwort 2:	Antwort 3:	Antwort 4:

Ein Quiz erstellen

Aufgabe 2:

Erstellt ein Kahoot-Quiz:
- Ruft die Internetseite Kahoot auf.
- Wählt „Log In" aus.
- Loggt euch mit euren zuvor registrierten oder mit den folgenden Daten ein:

    – Nutzername: _____

    – Passwort: _____

- Wählt „New K!" aus.
- Wählt das Format „Quiz" aus.
- Folgt den Anweisungen.

Titel eures Quiz: _____

Eure Namen: _____

Aufgabe 3:
- Kontrolliert die von euren Gruppenmitgliedern in Einzelarbeit formulierten Fragen und Antworten auf inhaltliche und sprachliche Richtigkeit, indem ihr euch die ausgefüllten Arbeitsblätter anschaut. Scheut euch nicht davor, auch Änderungsvorschläge zu machen.
- Wählt aus euren Fragen gemeinsam 8 bis 10 besonders gelungene aus.

Aufgabe 4:

Erstellt mit euren ausgesuchten Fragen und Antworten ein neues Kahoot-Quiz. Achtet darauf, dass euch keine Tippfehler unterlaufen.

Aufgabe 5:

Kontrolliert abschließend noch einmal eure Fragen und Antworten auf:
- inhaltliche Richtigkeit
- Rechtschreibung, Grammatik und Zeichensetzung
- Lösbarkeit

Themenkomplex 2: Anschauliches Präsentieren (Klasse 5/6)

Lerninhalte

Die Unterrichtsideen für „Anschauliches Präsentieren" sind für die Klassen 5 und 6 konzipiert. Es geht darum, ...

- Inhalte zu recherchieren und nach Relevanz auszuwählen.
- Inhalte für die Präsentation aufzubereiten.
- Präsentationen gemeinsam zu erstellen.
- das Präsentieren von Inhalten zu üben.
- sich auf einer Landkarte zu orientieren.
- Routenplaner sinnvoll einzusetzen und den Einsatz zu reflektieren.
- einen Leser oder Zuhörer direkt anzusprechen.

Unterrichtsideen

Titel	Medien
2.1 Eine Präsentation kollaborativ vorbereiten und halten	• Tablet • Beamer, ggf. AppleTV o. Ä. • WLAN • Präsentations-App (z.B. Keynote/Power Point/ Google Präsentationen)
2.2 Eine Wegbeschreibung erstellen	• Tablet • Beamer, ggf. AppleTV o. Ä. • WLAN • Navigations-App (z.B. Karten/GoogleMaps) • Notiz-App (z.B. Notability (iOS), FiiNote (Android))

Unterrichtsidee 2.1: Eine Präsentation kollaborativ vorbereiten und halten

Mutmacher

Präsentationen ohne den Einsatz digitaler Medien sind heutzutage kaum noch vorstellbar. Die SuS müssen deshalb früh lernen, diese sinnvoll und zielführend zu verwenden. Mit dieser Unterrichtsidee soll der Umgang mit der Präsentations-App Keynote bzw. Power Point geübt werden.

Während früher vier oder mehr SuS im Computerraum um einen Bildschirm versammelt saßen und sich gegenseitig beim Recherchieren und Eintippen der Informationen zuschauten, können Präsentationen heute dank einiger Apps kollaborativ erstellt werden. Die SuS erarbeiten gemeinsam eine Präsentation, ohne dass Langeweile aufkommt.

Ziele / Kompetenzen	Die SuS erstellen Präsentationen, die ihre Vorträge visuell unterstützen. Sie ... • recherchieren Inhalte und setzen sich mit Suchmaschinen auseinander. • wählen Inhalte aus und bereiten diese für die Präsentation auf. • üben das Präsentieren. • arbeiten zielführend miteinander. • bewerten und reflektieren sowohl den eigenen als auch fremde Vorträge.
Digitale Medien	• Tablet (Klassensatz) • WLAN im Klassenraum • Beamer • Präsentations-App (z.B. Power Point/Keynote/Google Präsentationen)
Vorbereitung	• Beispiel für eine nicht gelungene Präsentationsfolie • Themenideen für Schülervorträge

Material	Arbeitsblatt 1, Arbeitsblatt 2
Sozialform	Plenum, Gruppenarbeit
Zeitbedarf	5 x 45 Min.
Achtung!	Die SuS sollten über die Themen Copyright und Veröffentlichung von fremdem Material aufgeklärt werden.

Phase	Unterrichtsverlauf	Sozialform	Material
Einstieg	Den SuS wird eine wenig gelungene Folie einer Präsentation über den Beamer gezeigt. Gemeinsam wird gesammelt, was verändert werden sollte und daraus eine Liste mit Tipps zur besseren Gestaltung von Präsentationen erstellt. Diese sollte über das Lehrertablet mithilfe einer Textverarbeitungs- oder Notiz-App erstellt und über den Beamer visualisiert werden.	UG	Beamer Negativbeispiel einer Präsentationsfolie
Einführung der App	Gemeinsam werden die wichtigsten Funktionen der gewählten Präsentations-App besprochen – insbesondere die Funktion des kollaborativen Arbeitens.	LV	Beamer Tablet
Erarbeitung	Die SuS recherchieren in Kleingruppen Informationen zu ihrem Thema und notieren Wichtiges für ihre Präsentation. Dabei nutzen sie auch die Möglichkeit, Bilder sowie Audio- und Videodateien einzubinden. Die Funktion „Zusammenarbeiten" bzw. „gemeinsame Dokumenterstellung" (Keynote/Power Point/Google Präsentationen) sollte genutzt werden, um ein kollaboratives Arbeiten zu ermöglichen. Dazu erstellt ein Schüler eine leere Präsentation und lädt die anderen Gruppenmitglieder zur Zusammenarbeit ein. So können alle gleichzeitig an einer Präsentation arbeiten – am besten an unterschiedlichen Folien. *Binnendifferenzierung:* Durch die Angabe von hilfreichen Internetseiten können schwächere Gruppen unterstützt werden.	GA EA	Tablet AB 1
Vertiefung / Sicherung	Im Plenum werden die Präsentationen gehalten. Während des Vortrags machen sich die anderen SuS mithilfe des Beobachtungsbogens Notizen. Direkt im Anschluss eines Vortrags werden Vortragsweise, Gestaltung und der Informationsgehalt anhand der Notizen reflektiert sowie Nachfragen gestellt.	UG	Beamer Tablet AB 2

Einen Vortrag erstellen und halten

Aufgabe 1:

1. Erstellt gemeinsam eine Präsentation zum Thema:

   _____

2. Sofern es möglich ist, nutzt die Zusammenarbeiten-Funktion der App und ladet alle eure Gruppenmitglieder zu einer Präsentation ein.
3. Recherchiert Informationen und Materialien (ggf. auch Bilder, Ton- und Videodateien) zu eurem Thema und fügt sie eurer Präsentation hinzu.
   Beachtet die Tipps und Hinweise zum Erstellen von Präsentationen!
4. Teilt die Folien der Präsentation unter euch auf, sodass jeder etwas vorstellt.
5. Notiert die wichtigsten Informationen, die ihr vorstellen möchtet, auf Karteikarten, die ihr während eures Vortrags als Erinnerungsstütze nutzen könnt.

Tipps und Hinweise zum Erstellen von Präsentationen:
- Achtet auf einen _klaren_ Aufbau:
  - Einleitung:
    - In das Thema einführen.
    - Über die Gliederung des Vortrags informieren.
    - Die Referenten vorstellen.
  - Hauptteil:
    - Alle für das Thema _wichtigen Informationen_ möglichst _anschaulich_ und in _sinnvoller Reihenfolge_ präsentieren. Denkt an die W-Fragen!
  - Schluss:
    - Die wichtigsten Informationen _zusammenfassen_ oder alternativ eure persönliche Meinung formulieren.
    - Alle verwendeten _Quellen_ nennen.
- Überladet die Folien nicht (maximal 7 Punkte pro Folie), notiert nur Stichworte oder kurze Sätze.
- Achtet auf eine _gute Lesbarkeit_: Schreibt nicht zu klein und nutzt ein kontrastreiches Design (z.B. eine dunkle Schriftfarbe auf einem hellen Hintergrund).
- Geht sparsam mit _Effekten_ um. Zu viele Effekte und Animationen können ablenken.
- Kontrolliert abschließend noch einmal alle Folien auf _inhaltliche_ und _sprachliche Richtigkeit_.

Tipps und Hinweise zum Vortragen:
- Achtet beim Sprechen auf _Stimme, Lautstärke, Tempo_ und die passende _Betonung_.
- Setzt _Gestik_ (Handbewegungen), _Mimik_ (Gesichtsbewegungen) und _Körperhaltung_ bewusst und gezielt ein – nicht übertreiben!
- _Blickkontakt_: Schaut beim Vortragen eure Zuhörerinnen und Zuhörer an.
- Nutzt, wenn nötig, _Karteikarten_, auf denen ihr zuvor die wichtigsten Punkte notiert habt.

Beobachtungsbogen: Präsentation

	Gruppe 1	Gruppe 2	Gruppe 3	Gruppe 4	Gruppe 5
Beobachtungen zur Präsentation					
Klarer Aufbau					
Inhaltliche Richtigkeit, wesentliche Informationen					
Sprachliche Richtigkeit					
Folien gut lesbar					
Kreativität/Gestaltung					
Beobachtungen zur Vortragsweise					
Stimme/Lautstärke/Tempo/Betonung					
Gestik/Mimik/Körperhaltung/Blickkontakt					

Bewertung: ☺ = **super**   ☺ = **mittelmäßig**   ☹ = **nicht gut**

Unterrichtsidee 2.2: Eine Wegbeschreibung erstellen

Mutmacher

Wegbeschreibungen haben mittlerweile einen festen Platz im Deutschunterricht der Sekundarstufe I. Anstatt jedoch mit der (häufig schlechten) Kopie einer gedruckten Karte zu arbeiten, bietet es sich an, ein Stück Lebenswelt der SuS in den Unterricht zu holen und eine Navigations-App wie Google Maps zu verwenden und kritisch zu reflektieren.

Ziele / Kompetenzen	Die SuS erstellen strukturierte Wegbeschreibungen. Sie ... • orientieren sich auf einer Karte. • verfassen eine adressatengerechte Wegbeschreibung. • lesen und verstehen Wegbeschreibungen. • üben den richtigen Umgang mit einer Navigations-App. • reflektieren den Umgang mit einer Navigations-App.
Digitale Medien	• Tablet (Klassensatz) • WLAN im Klassenraum • Beamer • Navigations-App (z.B. Karten (iOS), Google Maps) oder alternativ die Internetseite von Google Maps • Notiz-App, die das Importieren und anschließende Beschriften von Bildern erlaubt (z.B. Notability (iOS), FiiNote (Android))
Vorbereitung	Screenshot einer Straßenkarte auswählen und in Notiz-App importieren
Material	Arbeitsblatt
Sozialform	Plenum, Einzelarbeit, Partnerarbeit
Zeitbedarf	2 x 45 Min.
Achtung!	Manche Apps verlangen die Berechtigung, mittels eingebauten GPS-Moduls auf den aktuellen Standort zuzugreifen. Diese Erlaubnis muss jedoch zur korrekten Verwendung der App nicht erteilt werden. Sie behindert unter Umständen sogar den eigenständigen Orientierungsprozess. In manchen Apps kann alternativ zur Autoroute auch eine Fußgänger- oder Fahrradroute eingezeichnet werden. Es könnte sinnvoll sein, die SuS im vertiefenden Schritt darauf hinzuweisen.

Phase	Unterrichtsverlauf	Sozialform	Material
Einstieg	Über eine Notiz-App wird den SuS der Screenshot einer lokalen Straßenkarte mittels Beamer gezeigt, in der zwei nicht weit voneinander entfernte Punkte markiert sind. Ein Schüler zeichnet nun auf dem Lehrertablet den kürzesten Weg von A nach B auf der Karte ein und erklärt dabei die einzelnen Wegschritte. Die anderen SuS passen auf und helfen, wenn nötig.	UG	Beamer Tablet
Einführung der App	Gemeinsam wird ein Blick auf die wichtigsten Funktionen der Navigations-App geworfen.	LV	Beamer

Erarbeitung 1	Die SuS rufen die Navigations-App (z.B. Karten (iOS), Google Maps) auf und stellen die Kartenansicht so ein, dass z.B. ihr Zuhause und die Schule oder ihr Zuhause und ihr Sportverein zu sehen sind. Von diesem Bildausschnitt fertigen die SuS einen Screenshot an und importieren diesen in eine Notiz-App.	EA	Tablet
Erarbeitung 2	Die SuS beschreiben den Weg in einem zusammenhängenden Text. Dabei nutzen sie Begriffe aus dem Wortspeicher (siehe Arbeitsblatt). Es bietet sich an, den Text direkt unter dem Screenshot zu verfassen.	EA	AB
Sicherung	Den fertigen Text senden die SuS zusammen mit dem Screenshot ihrem Sitznachbarn zu, der anhand der Wegbeschreibung den beschriebenen Weg in den Screenshot einzeichnet (Notiz-App) und eine Rückmeldung gibt, ob alles eindeutig und verständlich ist. Falls nicht, überarbeiten sie gemeinsam die Wegbeschreibung.	PA	Tablet
Vertiefung	Die SuS geben die Adressen ihrer gewählten Start- und Zielpunkte in der Navigations-App ein und lassen die App einen Weg vorschlagen. Sie vergleichen den dort vorgestellten Weg mit dem von ihnen zuvor gewählten. *Tipp:* Einige Navigations-Apps bieten neben dem eingezeichneten Weg auch eine schriftliche Wegbeschreibung, mit der die SuS ihre selbst verfasste vergleichen können.	PA	Tablet
Reflexion	Die Qualität der von den Apps vorgeschlagenen Wege sowie der Wegbeschreibungen wird gemeinsam diskutiert.	UG	Beamer Tablet

☀ *Tipp:*

Um der unterschiedlichen Arbeitsgeschwindigkeit der SuS gerecht zu werden, kann nach Aufgabe 1 auf dem Arbeitsblatt die Methode „Lerntempoduett" (auch „bus stop"-Methode genannt) angewandt werden. So werden gleich schnelle SuS zusammengebracht und Wartezeiten minimiert. Dabei wird an einem Punkt im Klassenraum eine „Haltestelle" eingerichtet, an der immer ein Schüler, der die Aufgaben fertig bearbeitet hat, auf den nächsten fertigen Schüler wartet, um anschließend mit ihm einen freien Platz aufzusuchen und dort in Partnerarbeit weiterzuarbeiten.

Eine Wegbeschreibung erstellen

Wortspeicher:

folgen bis, überqueren, einbiegen, vorbeikommen an, abbiegen, links/rechts halten, die erste/
zweite/dritte Straße links/rechts nehmen, in Richtung …

Tipps zum Formulieren einer Wegbeschreibung:

- Schreibe möglichst *kurz*, *präzise* und *sachlich*.
- Schreibe im *Präsens*.
- Entscheide dich für eine *Form der Ansprache: Du* oder *man* (z.B.: „Du gehst bis zur Kirche und biegst dann links ab." Oder: „Man geht bis zur Kirche und biegt dann links ab.").
- Beschreibe den Weg in der *richtigen Reihenfolge.*
- Nutze *Präpositionen* wie neben, unter, über, entlang, gegenüber …
- Nenne *Straßennamen.*
- Erwähne zur besseren Orientierung *markante Stellen* und *Gebäude.*

Aufgabe 1:

1. Starte die Navigations-App oder rufe die Internetseite von Google Maps auf.
2. Stelle den Kartenausschnitt mittels der Zoom- und Schwenkfunktion so ein, dass dein Zuhause sowie die Schule oder ein anderer Ort, zu dem du gerne und häufig gehst, zu sehen sind. Dies kann z.B. dein Sportverein, die Kirche, die Eisdiele oder das Schwimmbad sein.
Achtung! Achte darauf, dass dir eine 2D-Ansicht angezeigt wird (Blick aus der Vogelperspektive) und dass die Straßennamen lesbar sind.
3. Mache einen Screenshot von der eingestellten Ansicht.
4. Öffne diesen Screenshot in einer Notiz-App.
5. Verfasse unterhalb des Screenshots eine Wegbeschreibung von deinem Zuhause zu dem anderen von dir gewählten Ort. Beachte die Tipps zum Formulieren einer Wegbeschreibung. Nutze dazu den Wortspeicher.
6. Kontrolliere deinen Text zum Schluss noch einmal auf Fehler.
7. Sende dein Dokument anschließend deiner Partnerin/deinem Partner zu.

Aufgabe 2:

1. Kontrolliere die Wegbeschreibung deines Partners, indem du den von ihm beschriebenen Weg in den Screenshot einzeichnest. Nutze dafür die Notiz-App.
2. Gib deinem Partner eine Rückmeldung, ob alles verständlich und richtig erklärt ist.
3. Überarbeitet gemeinsam eure Wegbeschreibungen, wenn nötig.

Aufgabe 3:

1. Gebt die Adressen eurer Anfangs- und Endpunkte in der Navigations-App ein und lasst die App einen Weg vorschlagen.
Tipp: Stellt – sofern möglich – die App auf den Fußgänger- oder Fahrradmodus um.
2. Vergleicht die dort aufgeführten Wege mit den von euch beschriebenen.
3. Notiert euch auffällige Unterschiede und überlegt, wie diese zustande kommen.

Themenkomplex 3: Grammatik mal anders (Klasse 5–10)

Lerninhalte

Die Unterrichtsideen für „Grammatik mal anders" sind für die Klassen 5 bis 10 aufbereitet. Es geht darum, ...

- grammatische Sprachreflexion motivierend zu gestalten.
- eine eigene App zu erstellen.
- grammatische und orthografische Regeln in einem Comic zu veranschaulichen.
- ein eigenes Lernvideo zu erstellen.
- mit einem Lernvideo interaktiv zu arbeiten.
- das Prinzip des Flipped Classroom auszuprobieren.

Unterrichtsideen

Titel	Medien
3.1 Eine App zum Thema Satzglieder programmieren	• Tablet • Beamer, ggf. AppleTV o. Ä. • WLAN • Internetseite LearningApps • Pinnwand-App (z.B. Padlet (iOS, Android, Windows))
3.2 Einen Sprachreflexions-Comic gestalten	• Tablet • Beamer, ggf. AppleTV o. Ä. • WLAN • Comic-App (z.B. ComicBook (iOS)) • Pinnwand-App (z.B. Padlet (iOS, Android, Windows))
3.3 Ein Lernvideo erstellen	• Tablet • Beamer, ggf. AppleTV o. Ä. • WLAN • Kamera-App/Videoschnitt-App (z.B. iMovie (iOS), PowerDirector (Android)) • Lautsprecher • ggf. ein Mikrofon pro Gruppe • ggf. ein Kopfhörer pro Gruppe
3.4 Ein Lernvideo interaktiv aufbereiten	• Tablet • Beamer, ggf. AppleTV o. Ä. • WLAN • App für Einsatz und Gestaltung von Lernvideos (z.B. Edpuzzle (iOS/Android) oder Internetseite Edpuzzle) • Kopfhörer

Unterrichtsidee 3.1: Eine App zum Thema Satzglieder programmieren

Mutmacher

Die SuS sind es gewohnt, in der Schule Arbeitsblätter auszufüllen und sich an vorhandene Strukturen zu halten. In dieser Unterrichtsidee sollen die SuS in einem ersten Schritt vom Rezipienten in die Rolle des Produzenten schlüpfen und selbst eine kleine App entwickeln. In einem zweiten Schritt probieren sie ihre Apps gegenseitig aus.

Das Thema Satzglieder bietet sich dafür an, da hier verschiedene Aufgabenformate (Freitext, Lückentext, Multiple Choice, Verschieben von Satzbausteinen ...) leicht zu realisieren sind.

Ziele / Kompetenzen	Die SuS beschäftigen sich mit dem Thema Satzglieder. Sie ... • wiederholen und vertiefen bereits Gelerntes, indem sie selbst eine App entwickeln. • üben Gelerntes, indem sie auch die Apps der anderen SuS nutzen. • nehmen die Rezipientenperspektive ein, um eine verständliche und nützliche App zu erstellen.
Digitale Medien	• Tablet (Klassensatz) • WLAN im Klassenraum • Beamer • Internetseite LearningApps • Pinnwand-App (z.B. Padlet (iOS, Android, Windows))
Vorbereitung	• Padlet-Pinnwand zum Sammeln der Links erstellen (siehe im Vorwort „Hilfreiche Apps zum Classroom-Management") • Beispiel-App auf Internetseite LearningApps auswählen
Material	Arbeitsblatt
Sozialform	Plenum, Einzelarbeit, Partnerarbeit
Zeitbedarf	4 x 45 Min.

Phase	Unterrichtsverlauf	Sozialform	Material
Einstieg und Einführung der App	Die Lehrperson stellt den SuS die Internetseite LearningApps vor, indem sie diese im Browser aufruft, mittels Beamer projiziert und mit den SuS eine beispielhafte App spielt. Im Anschluss werden die Grundfunktionen (vor allem zum Erstellen einer eigenen App) erläutert.	LV / UG	Beamer Tablet
Erarbeitung	Die SuS überlegen sich in Partnerarbeit eine Idee für eine Übungs-App zum Thema Satzglieder und erstellen diese mithilfe von LearningApps. Zur besseren Übersicht notieren sie Titel und Internetadresse der App auf dem Arbeitsblatt.	PA	Tablet AB
Sicherung	Die erstellten Apps werden von den SuS auf der Internetseite LearningApps gespeichert und können so beliebig oft genutzt werden. Die SuS tragen den Link zu ihrer erstellten App auf der virtuellen Pinnwand auf Padlet (siehe im Vorwort „Hilfreiche Apps zum Classroom-Management") ein, sodass die erstellten Apps unkompliziert und schnell aufgerufen werden können.	PA	Tablet
Vertiefung	Die SuS probieren gegenseitig ihre Apps aus und kommentieren und/oder bewerten diese auf Padlet, sodass alle Rückmeldungen zu ihren Arbeitsergebnissen erhalten. Zusätzlich tragen die SuS die Namen der von ihnen bearbeiteten Apps auf ihrem Arbeitsblatt ein.	EA	Tablet AB

Eine eigene Übungs-App erstellen

👥 Aufgabe 1:

1. Ruft die Internetseite LearningApps auf und macht euch mit den verfügbaren Aufgaben-formaten (z.B. Lückentext oder Paare zuordnen) vertraut.

2. Entscheidet euch für eines der Aufgabenformate und erstellt eine eigene App zum Üben von Satzgliedern.
   Tipp: Holt euch in euren Deutschbüchern oder Arbeitsheften Anregungen, wie eine mögliche Aufgabe aussehen könnte.

3. Tragt den Link zu eurer App auf der Padlet-Pinnwand ein.

Tragt hier den Titel und die genaue Internetadresse eurer App ein:

Titel: _____

Internetadresse: _____

👤 Aufgabe 2:

1. Teste die von deinen Mitschülerinnen und Mitschülern erstellten Apps. Du findest die Links auf der Padlet-Pinnwand.

2. Gib ihnen über die Kommentar- und Bewertungsfunktion eine Rückmeldung zu ihrer App. Sei höflich und äußere konstruktive Kritik!

Trage hier die Titel der von dir bearbeiteten Apps ein:

- _____

- _____

- _____

- _____

- _____

- _____

- _____

- _____

Unterrichtsidee 3.2: Einen Sprachreflexions-Comic gestalten

Mutmacher

Immer wieder wird nach dem lebensweltlichen Bezug einzelner grammatischer oder orthografischer Regeln gefragt. Anhand von anschaulichen, teils witzigen Beispielen sollen verschiedene Regeln und häufig gemachte Fehler in Form eines kleinen Comics visualisiert werden. Comics haben seit jeher eine besondere Anziehungskraft auf Kinder und Jugendliche und sind aufgrund ihrer Kombination aus Text und Bild häufig besonders eingängig. Indem SuS sich selbst als Autoren von kurzen Comics versuchen, findet eine produktiv-kreative Auseinandersetzung mit den Regeln statt und die Wahrscheinlichkeit, einzelne Regeln auf diese Weise besser zu behalten, steigt.

Durch den Einsatz von digitalen Medien wird zum einen der kreative Schaffensprozess unterstützt und für weniger künstlerisch begabte SuS vereinfacht, zum anderen bieten die Medien die Möglichkeit, die Ergebnisse den anderen SuS zugänglich zu machen und z.B. ein gemeinsames Comicheft zu erstellen.

Ziele / Kompetenzen	Die SuS beschäftigen sich mit dem Thema Sprachreflexion. Sie ... • reflektieren die korrekte Verwendung von Sprache, indem sie einige besonders häufig gemachte Fehler betrachten. • üben und vertiefen bereits gelernte Regeln. • veranschaulichen einige sprachliche Phänomene und Regeln, indem sie diese in Comicform in einen lebensweltlichen Kontext bringen. • reflektieren die Regeln im Anwendungsbezug.
Digitale Medien	• Tablet (Klassensatz) • WLAN im Klassenraum • Beamer • Comic-App (z.B. ComicBook (iOS)) • Kamera-App • Pinnwand-App (z.B. Padlet (iOS, Android, Windows))
Vorbereitung	• Padlet-Pinnwand zum Sammeln der Comics erstellen (siehe im Vorwort „Hilfreiche Apps zum Classroom-Management") • Beispiele für sprachliche Fehler auswählen
Material	Arbeitsblatt
Sozialform	Plenum, Gruppenarbeit (auch Partner- oder Einzelarbeit möglich)
Zeitbedarf	4 x 45 Min.
Achtung!	Die SuS neigen dazu, sich im Ausgestalten des Comics zu verlieren. Auch wenn die Optik eine wichtige Rolle spielt, sollte die korrekte Einbettung des Lerninhalts in den Comic stets im Mittelpunkt stehen. Eventuell sollten die SuS deshalb darauf hingewiesen werden, erst den Inhalt zu produzieren, bevor sie diesen im Detail ausgestalten.

Phase	Unterrichtsverlauf	Sozialform	Material
Einstieg	Die Lehrperson visualisiert einige Bilder, die beliebte Verstöße gegen die sprachliche Richtigkeit zeigen. Das können auch witzige Bilder sein, wie man sie beispielsweise in Bastian Sicks Kolumne „Zwiebelfisch" findet. Die SuS thematisieren die Verstöße und diskutieren diese. *Alternative:* Die Lehrperson visualisiert je nach Lerngruppe einen bei den SuS häufig vorkommenden sprachlichen Fehler und bespricht diesen mit ihnen.	UG	Beamer Tablet
Einführung der App	Die App ComicBook wird mit ihren Funktionen via Beamer vorgestellt.	LV	Beamer Tablet
Erarbeitung 1	Die SuS setzen sich in Kleingruppen à 3 SuS zusammen, bekommen einen sprachlichen Fehler (siehe Arbeitsblatt) zugeteilt und suchen gemeinsam nach der passenden Regel. Je nach Leistungsstärke können die Aufgaben auch in Partnerarbeit bearbeitet werden.	GA / PA	Tablet AB
Erarbeitung 2	Am Tablet erstellen die SuS einen Comic, der den Fehler und die Regel im lebensweltlichen Bezug veranschaulicht. Dafür können sie Bilder zeichnen, lizenzfreie Bilder verwenden und auch Fotos aufnehmen, indem sie die Kamera-App nutzen.	GA	Tablet
Sicherung	Die erstellten Comics werden von den SuS auf einer von der Lehrperson erstellten virtuellen Pinnwand auf Padlet (siehe im Vorwort „Hilfreiche Apps zum Classroom-Management") hochgeladen, sodass sie übersichtlich an einem Ort zur Verfügung stehen und unkompliziert und schnell von allen SuS angesehen werden können. *Alternative:* Die Comics werden im Plenum visualisiert und besprochen. (In diesem Fall entfällt der nächste Schritt.)	EA *UG*	Tablet *Beamer*
Vertiefung	Die SuS lesen die Comics und kommentieren und/oder bewerten diese auf Padlet, sodass alle Rückmeldungen zu ihren Arbeitsergebnissen erhalten. Die Lehrperson achtet darauf, dass bei der Bewertung nicht nur die grafische Gestaltung eine Rolle spielt, sondern auch die Umsetzung der Aufgabe bewertet wird.	EA	Tablet

💡 *Tipp 1:*
Die erstellten Comics können mit einem PDF-Creator leicht zu einem kleinen, digitalen Comicheft zusammengefügt werden.

💡 *Tipp 2:*
Für weniger leistungsstarke SuS kann im Sinne der Binnendifferenzierung Aufgabe 1 auf dem Arbeitsblatt einfacher gestaltet werden, indem die SuS darauf hingewiesen werden, wo der Fehler liegt. Dies kann z.B. über Hilfekärtchen geschehen, die ausgelegt werden.

Einen Sprachreflexions-Comic gestalten

Beliebte Fehler:

Meine Freundin hat dasselbe Kleid an wie ich.	Äpfel sind das einzigste Obst, das ich nicht mag.
Marie's Milchbar	Das macht überhaupt keinen Sinn.
Ich muss jetzt fahren, weil ich möchte noch etwas erledigen.	Braucht man für Amerika Visas?
Meine Bankberaterin sagt, mein Geld ist sicher.	Es hört heute scheinbar überhaupt nicht mehr auf zu schneien.
Was du machst, beeindruckt mich in keinster Weise.	Im Dezember diesen Jahres werden wir eine Weihnachtsfeier veranstalten.
Die Deutscharbeit war sehr schwer.	Ihr seit wirklich meine besten Freunde!

Aufgabe 1:

Recherchiert, worin der euch zugewiesene sprachliche Fehler liegt und wie die passende Erklärung bzw. Regel lautet. Nutzt dafür das Internet, den Duden und euer Deutschbuch.

Sprachlicher Fehler: _____

Erklärung/Regel: _____

_____

_____

So lautet es richtig: _____

_____

Aufgabe 2:

Überlegt euch, wie ihr die Erklärung bzw. Regel möglichst anschaulich und verständlich in einem Comic verdeutlichen könnt.

Aufgabe 3:

Erstellt mithilfe der App ComicBook einen Comic. Ihr könnt dafür selbst Fotos machen, lizenzfreie Bilder aus dem Internet nutzen oder Bilder digital oder auf Papier zeichnen.

Unterrichtsidee 3.3: Ein Lernvideo erstellen

Mutmacher

Aus der Lebenswirklichkeit der SuS sind Videos, vor allem sogenannte Tutorials oder Let's Plays, nicht mehr wegzudenken. Vermehrt werden auch diverse Anleitungen oder Produktrezensionen in Videoform auf den großen Videoportalen wie z.B. Youtube eingestellt. Wieso also nicht die Lebenswirklichkeit der SuS in den Klassenraum holen und einmal selbst ein Lernvideo erstellen? Bekanntlich lernt man ja beim Erklären am besten ...

Ziele / Kompetenzen	Die SuS beschäftigen sich mit dem Thema Sprachreflexion. Sie ... • reflektieren die korrekte Verwendung von Sprache, indem sie einige besonders häufig gemachte Fehler betrachten. • veranschaulichen einige sprachliche Phänomene und Regeln, indem sie sie bildhaft erklären. • üben und vertiefen bereits gelernte Regeln, indem sie die Lernvideos der anderen SuS anschauen. • setzen sich mit einigen grundlegenden Begriffen der Filmanalyse auseinander. • üben das Erstellen eines kurzen Videofilms, indem sie ein Lernvideo aufzeichnen.
Digitale Medien	• Tablet (Klassensatz) • Beamer • Videoschnitt-App (z.B. iMovie (iOS), PowerDirector (Android) • Kamera-App • ggf. Notiz-App (z.B. Notability (iOS), FiiNote (Android)) • ggf. Greenscreen-App (z.B. Do Ink (iOS)) • ggf. kollaborative Whiteboard-App (z.B. BaiBoard, Explain Everything (beide iOS) oder LiveBoard (iOS/Android)) • ggf. Video-Storytelling-App (z.B. Adobe Spark Video (iOS))
Vorbereitung	• Auswahl eines Tutorials z.B. auf Youtube (alternativ: Erstellen eines eigenen Lernvideos zu den Apps iMovie oder PowerDirector) • Themenvorschläge für die Videos der SuS
Material	• Arbeitsblatt 1, Arbeitsblatt 2 • Lautsprecher • ggf. Bastelmaterialien (buntes Papier, Scheren, dicke Filzstifte, Schaschlikspieße) • ggf. Mikrofon • ggf. Stativ • ggf. Greenscreen
Sozialform	Plenum, Gruppenarbeit
Zeitbedarf	5 x 45 Min.
Achtung!	Falls die Videos veröffentlicht werden sollen, muss besonders auf das Urheberrecht und das Einverständnis aller gefilmten Personen geachtet werden (bzw. das Einverständnis der Erziehungsberechtigten, falls die SuS jünger als 18 Jahre sind).

Phase	Unterrichtsverlauf	Sozialform	Material
Einstieg	Die Lehrperson zeigt einen Ausschnitt z.B. aus einem Video eines Youtubers (z.B. ein „Styling-Tutorial" oder ein Let's Play). Im UG berichten die SuS kurz, ob, wann und wie sie solche Lernvideos nutzen. So wird der lebensweltliche Bezug hergestellt und die intrinsische Motivation angeregt.	UG	Beamer Tablet Lautsprecher
Einführung der App	Über den Beamer wird gemeinsam die Videoschnitt-App betrachtet und kennengelernt. *Alternative:* Dies kann auch über ein vorbereitetes Lernvideo geschehen, in dem die Funktionen der App erklärt werden. Dies hätte zum Vorteil, dass die SuS im Verlauf der Beschäftigung mit der Videoschnitt-App das Video bei Bedarf individuell mehrfach anschauen können.	UG	Beamer Tablet
Einführung Lernvideo	Die Lehrperson weist darauf hin, dass Lernvideos meist „Screencast"-Videos sind (Änderungen auf dem Bildschirm werden aufgenommen). Alternativ kann auch ein Plakat gefilmt werden, auf dem ein Schaubild durch Schreiben oder Legen von Textteilen entsteht. Zusammen werden schließlich Kriterien für gute Lernvideos mittels einer Notiz- oder Whiteboard-App oder an der Tafel gesammelt (vgl. auch Arbeitsblatt 2).	LV UG	Beamer oder Tafel AB 2
Erarbeitung 1	Die SuS erstellen in Gruppen von 3 bis 4 SuS ein Storyboard für ihr Lernvideo. Dazu nutzen sie das Arbeitsblatt 1. *Alternative:* Es können auch die Apps BaiBoard 3 oder LiveBoard genutzt werden, um kollaborativ an dem Storyboard zu arbeiten. Dafür erstellt ein Schüler mittels der App ein Board und gibt es für die anderen Gruppenmitglieder frei, sodass diese dort mitarbeiten können. Es bietet sich an, für jede Szene eine neue Seite innerhalb eines Board einzuplanen.	GA	AB 1 *Tablet*
Erarbeitung 2	Die Gruppen erstellen ein eigenes Lernvideo zu einem Thema aus dem Unterricht, beispielsweise zur richtigen Verwendung von das/dass. Dazu benutzen sie die Kamera des Tablets und filmen ein Blatt Papier ab, auf dem sie während der Aufnahme mithilfe zuvor vorbereiteter Zettel die Regel erklären und mit eigener Stimme kommentieren. *Alternative:* Die SuS können auch die Screenrecord-Funktion (iOS) nutzen und den Bildschirm abfilmen („Screencast"), während sie mit einer Whiteboard-App (z.B. BaiBoard 3, LiveBoard) oder einer Notiz-App (z.B. Notability, FiiNote) die Regel erklären. Hier bietet sich auch die Verwendung der sehr umfangreichen, aber auch komplexen Whiteboard-App Explain Everything an, in die eine Screenrecord-Funktion integriert ist.	GA	Tablet Kamera-App ggf. Bastelmaterialien ggf. Mikrofon ggf. Greenscreen

Erarbeitung 3	Die in den Gruppen entstandenen Videos schneiden und bearbeiten die SuS in der Videoschnitt-App, sodass ein kurzes, etwa drei Minuten langes Lernvideo entsteht.	GA	Tablet
Sicherung	Im Anschluss stellen die SuS ihr Lernvideo den anderen SuS vor, die es mittels eines Kriterienkatalogs (siehe Arbeitsblatt 2) bewerten.	UG	Tablet AB 2

💡 *Tipp 1:*

Fortgeschrittene SuS können zum Aufnehmen ihres Videos einen Greenscreen mit der App Do Ink (iOS) benutzen, um ihr Video optisch aufzubessern.

💡 *Tipp 2:*

Anstelle einer Videoschnitt-App kann auch die App Adobe Spark Video benutzt werden, mit der Bilder unkompliziert mit einer Tonspur versehen werden können und automatisch zu einem Video aneinandergereiht werden.

Ein Storyboard erstellen

Ein Storyboard ist die zeichnerische Version eines Drehbuchs. Mithilfe von Bildern wird der Ablauf der Filmszenen dargestellt. Dabei werden die wesentlichen Handlungen skizziert. Zusätzlich werden auch die Bewegungen von Schauspielerinnen und Schauspielern oder Gegenständen sowie der Kamera durch Pfeile angedeutet.

Aufgabe 1:

Überlegt euch gemeinsam, wie ihr euren Lerninhalt verständlich darstellen könnt.
Erstellt ein Storyboard, in dem ihr eure Ideen notiert.

Gruppe: _____

Thema des Lernvideos: _____

Was wird gezeigt/gemacht? (eventuell Skizze)	Was wird gesagt?

Aufgabe 2:

Verfilmt euer Storyboard, indem ihr die Kamera-App sowie eine geeignete Videoschnitt-App benutzt. Berücksichtigt die Kriterien eines guten Lernvideos! Euer Lernvideo sollte nicht länger als drei Minuten sein.

Bewertungsbogen: Lernvideo

Gruppe		
Thema des Videos		
	Kriterien	☺ / ☺ / ☹
Inhalt	*Anschaulichkeit:* Eine Geschichte wird erzählt oder ein Problem wird gelöst, um den Inhalt anschaulich zu erklären.	
	Stimmigkeit: Bild und Ton passen zueinander. Das Gefilmte (u.a. Zeichnungen …) unterstützt das Verständnis des Gesagten und umgekehrt.	
	Richtigkeit: Der Begriff/die Regel wird richtig und verständlich erklärt.	
	Verständlichkeit: Andere zum Verständnis wichtige Begriffe werden (zumindest kurz) erklärt.	
Darstellung (Bild, Ton, Schnitt, …)	*Bild:* Alles ist gut zu erkennen und gut ausgeleuchtet. Es gibt keine ablenkenden Elemente.	
	Ton: Der Ton ist gut zu verstehen. Es gibt keine störenden Hintergrundgeräusche.	
	Kamerabewegungen: Die Kameraführung ist ruhig und die Bilder sind nicht verwackelt. Es gibt keine schnellen Kameraschwenks.	
	Kameraperspektive und Bildausschnitt: Kameraperspektive und Bildausschnitt wurden sinnvoll gewählt.	
	Stimmeinsatz/Sprechtempo: Es wird deutlich sowie ausreichend schnell, aber nicht zu schnell gesprochen.	
	Schnitt: Schnitte werden mit Bedacht und an sinnvollen Stellen eingesetzt.	
	Länge: Die Länge des Videos ist angemessen.	

Unterrichtsidee 3.4: Ein Lernvideo interaktiv aufbereiten

Mutmacher

Ein gern geäußerter Kritikpunkt in Bezug auf Lernvideos ist, dass SuS den Inhalt einfach nur ansehen, ohne jedoch darüber nachzudenken, geschweige denn diesen zu verstehen. Um eine Auseinandersetzung mit den Inhalten des Videos sicherzustellen und verbindlicher zu gestalten, bietet sich der Einsatz der App/Internetseite Edpuzzle an. Über diese Internetseite können Videos mit Aktivitätsfolien aufbereitet werden, sodass das Video an bestimmten Stellen stoppt und erst weitergesehen werden kann, wenn die SuS eine Aufgabe bearbeitet, eine Frage beantwortet oder einen Kommentar gelesen haben. Zurückspulen und pausieren können die SuS nach Belieben. Es findet also eine sinnvoll entschleunigte Auseinandersetzung mit dem Lerninhalt im individuellen Tempo statt. Die Lehrperson erhält Rückmeldungen, wie die SuS welche Frage beantwortet haben und welche Videosegmente wie oft wiederholt wurden. Auch kann die Lehrperson den SuS über eine Kommentarfunktion jeweils ein individuelles Feedback zu jeder eingereichten Lösung geben.

Edpuzzle eignet sich daher sehr gut für das Unterrichtsmodell des Flipped Classroom, bei dem sich die SuS zu Hause einen Lerngegenstand selbstständig mit einem Lernvideo erarbeiten, sodass in der Unterrichtsstunde mehr Zeit zum Üben und Vertiefen zur Verfügung steht. Durch den App-Einsatz weiß die Lehrperson im Vorfeld, welche SuS das Video (nicht) gesehen haben und wo häufig Probleme aufgetreten sind. So kann die Übungsstunde zielgerichtet für die Auseinandersetzung mit diesen Schwierigkeiten genutzt werden.

Ziele / Kompetenzen	Die SuS beschäftigen sich mit dem Thema Sprachreflexion. Sie ... • reflektieren die korrekte Verwendung von Sprache, indem sie einige besonders häufig gemachte Fehler betrachten. • üben und vertiefen bereits gelernte Regeln, indem sie ein Lernvideo anschauen.
Digitale Medien	• Tablet (Klassensatz) • Beamer • App für Einsatz und Gestaltung von Lernvideos (z.B. Edpuzzle (iOS/Android) oder Internetseite Edpuzzle)
Vorbereitung	• Erstellen von Aktivitätsfolien zu einem fremden oder selbst produzierten Lernvideo (wie z.B. Videos aus Unterrichtsidee 3.3). • Die SuS sollten sich zu Hause (ggf. zusammen mit ihren Eltern) vor der Stunde einen kostenlosen Account auf der Internetseite Edpuzzle angelegt haben.
Material	• Arbeitsblatt • Lernvideo(s) • Kopfhörer (Klassensatz)
Sozialform	Plenum, Einzelarbeit
Zeitbedarf	1 x 45 Min.

Phase	Unterrichtsverlauf	Sozialform	Material
Einführung der App	Die Lehrperson stellt die App Edpuzzle am Beamer vor. Die SuS lesen die Anleitung auf dem Arbeitsblatt und befolgen die dort aufgeführten Schritte, um mit der Edpuzzle-App auf das von der Lehrperson zur Verfügung gestellte Lernvideo zuzugreifen.	LV EA	Beamer Tablet AB

Erarbeitung	Die SuS sehen sich das Lernvideo an und beantworten die darin gestellten Fragen. Dazu verwenden sie Kopfhörer. Im Anschluss an das Video notieren sie die vorgestellte Regel auf dem Arbeitsblatt. Die Lehrperson hilft bei Problemen und betrachtet über die Internetseite Edpuzzle die Ergebnisse der SuS, um im Anschluss an die Erarbeitungsphase aufgetretene Probleme zu diskutieren. Sie kann auch Rückmeldungen über die Kommentarfunktion der Plattform geben.	EA	Tablet Kopfhörer AB
Sicherung	Die Lehrperson diskutiert mithilfe der auf der Internetseite Edpuzzle zusammengefassten Klassenergebnisse die Problemschwerpunkte mit den SuS. Dazu bietet es sich an, einzelne Ergebnisse und Schülerantworten auch zu visualisieren.	UG	Beamer Tablet
Vertiefung	Die SuS vertiefen und üben das Thema anhand von Arbeitsmaterialien, wie sie beispielsweise auf der Internetseite LearningApps zu finden sind, sowie mithilfe anderer Apps oder passenden Arbeitsblättern.	EA	Tablet

☀ *Tipp:*

Die Internetseite ivi-education bietet z.B. neben anderen ähnlichen Angeboten im Netz eine große Anzahl an anschaulichen Lernvideos für den Deutschunterricht sowie für weitere Fächer.

Interaktive Videos mit Edpuzzle

👤 Aufgabe 1:

1. Starte die App Edpuzzle oder rufe die Internetseite Edpuzzle auf.
2. Klicke auf die Schaltfläche „Log in" und wähle im sich öffnenden Fenster „I'm a student".
3. Gib deinen bei der Registrierung gewählten Nutzernamen (Username) sowie das von dir gewählte Passwort ein.
4. Klicke im Menüpunkt „My classes" auf die Schaltfläche „+ Join class" und gib den von deinem/ deiner Lehrer/in bereitgestellten „class code" ein.
5. Nun findest du unter „My classes" eine neue Klasse, die du mittels Klick anwählst. Jetzt siehst du alle Lernvideos, die dir dein/e Lehrer/in zur Bearbeitung bereitgestellt hat sowie gegebenenfalls deine Ergebnisse.
6. Klicke nun auf „Start video", schaue dir das Video an und bearbeite die darin gestellten Aufgaben.

👤 Aufgabe 2:

Nachdem du dich mit dem Thema des Lernvideos auseinandergesetzt hast, notiere hier in einem Schaubild die vorgestellte Regel.

Tipp: Nutze Beispiele und verschiedene Farben!

Themenkomplex 4: Die eigene Meinung zum Ausdruck bringen (Kl. 7–10)

Lerninhalte

Die Unterrichtsideen für „Die eigene Meinung zum Ausdruck bringen" sind für die Klassen 7 bis 10 aufbereitet.
Es geht darum, …

- Informationen zu sammeln, zu ordnen und zu bewerten.
- Meinungen strukturiert wiederzugeben.
- Inhalte zu diskutieren.
- die eigene Meinung begründet zu vertreten.
- Rechercheergebnisse in Artikelform aufzubereiten.
- Texte nach feststehenden Kriterien zu formatieren.
- Beeinflussung und Leserlenkung durch Werbung zu verstehen und kritisch zu hinterfragen.
- filmische Mittel und ihre Wirkung zu analysieren und gezielt einzusetzen.
- mittels Werbeclips einen Inhalt darzustellen.

Unterrichtsideen

Titel	Medien
4.1 Eine Stoffsammlung für eine Erörterung vorbereiten	• Tablet • Beamer, ggf. AppleTV o. Ä. • WLAN • Mindmap-App (z.B. Coggle)
4.2 Einen Zeitungsartikel gestalten	• PC/Notebook/Tablet • Beamer, ggf. AppleTV o. Ä. • WLAN • Textverarbeitungs-App (z.B. Pages/Word/Google Docs)
4.3 Einen Werbeclip analysieren	• Tablet • Beamer, ggf. AppleTV o. Ä. • WLAN • Textverarbeitungs-App (z.B. Pages/Word/Google Docs)
4.4 Einen Werbeclip erstellen	• Tablet • Beamer, ggf. AppleTV o. Ä. • WLAN • Kamera-App • Videoschnitt-App (z.B. iMovie (iOS), PowerDirector (Android))

Unterrichtsidee 4.1: Eine Stoffsammlung für eine Erörterung vorbereiten

Mutmacher

Um die eigene Meinung reflektiert zu vertreten, ist es sinnvoll, dass sich die SuS mit dem Thema zuerst im Rahmen eines gemeinsamen Brainstorming auseinandersetzen und eine passende Mindmap erstellen. Digitale Medien können helfen, die Lesbarkeit einer Mindmap zu erhöhen und auch die Vorstellung sowie Sicherung der Ergebnisse zu vereinfachen. Dazu bieten sich Mindmap-Apps wie Coggle an. Diese erfordert zwar eine vorherige Registrierung, ist jedoch plattformunabhängig, in den Grundfunktionen kostenlos und ermöglicht kollaboratives Arbeiten.

Ziele / Kompetenzen	Die SuS setzen sich mit einem Thema auseinander. Sie ... • sammeln, bewerten und ordnen Informationen, indem sie eine Mindmap erstellen. • arbeiten gemeinsam an einem Produkt, indem sie eine App benutzen.
Digitale Medien	• Tablet (Klassensatz) • Beamer • WLAN im Klassenraum • Mindmap-App (z.B. Coggle)
Vorbereitung	• Die SuS sollten sich zu Hause (ggf. zusammen mit ihren Eltern) vor der Stunde einen kostenlosen Account auf der Internetseite Coggle angelegt haben. • Schülerthemen für Mindmaps vorbereiten
Material	Arbeitsblatt
Sozialform	Plenum, Gruppenarbeit, Einzelarbeit
Zeitbedarf	2 x 45 Min.

Phase	Unterrichtsverlauf	Sozialform	Material
Einstieg und Einführung der App	Die Lehrperson startet die App und erstellt mit den SuS zusammen am Beamer eine Mindmap, indem sie beispielhaft einige Schülerbeiträge darin integriert (z.B. zum Thema „Nutzung von digitalen Medien im Unterricht"). Dabei wird besonders darauf geachtet, die Hierarchie- und Abhängigkeitsverhältnisse der einzelnen Äußerungen im Rahmen der Mindmap abzubilden. Die SuS lernen in diesem Arbeitsschritt automatisch die wichtigsten Funktionen der App kennen.	UG	Beamer Tablet
Erarbeitung	Die SuS erhalten den Arbeitsauftrag, selbst eine Mindmap zu einem Thema zu erstellen. Dazu arbeiten sie in Gruppen von 3 bis 4 SuS, indem ein Gruppenmitglied eine Mindmap erstellt und die anderen zur Zusammenarbeit einlädt. Sie notieren Argumente, Beispiele und Belege für verschiedene Standpunkte (pro/contra) und korrigieren, verschieben oder ergänzen die Beiträge ihrer Gruppenmitglieder. Dabei achten sie auch auf Rechtschreibung und Grammatik.	GA	Tablet AB
Sicherung	Die Mindmaps werden mittels der Export-Funktion der App oder eines Screenshots gesichert. Einige Gruppen präsentieren ihre Arbeitsergebnisse, die anderen ergänzen gegebenenfalls ihre eigenen Mindmaps.	UG	Tablet Beamer
Ausblick	Die SuS verfassen auf Grundlage ihrer gesammelten Argumente, Beispiele und Belege eine Erörterung zum Thema.	EA	Tablet AB

Eine Mindmap erstellen

🖳 Vorbereitung:

1. Startet die Mindmap-App und loggt euch ein.
2. Einigt euch darauf, wer von euch eine leere Mindmap anlegt. Derjenige lädt die anderen Gruppenmitglieder zur Mitarbeit ein.

🖳 Aufgabe:

1. Notiert Argumente, Beispiele und Belege für verschiedene Standpunkte (pro/contra).
2. Lest auch die Beiträge eurer Gruppenmitglieder. Korrigiert, verschiebt oder ergänzt diese gegebenenfalls. Achtet auch auf Rechtschreibung und Grammatik.
3. Fällt euch nichts mehr ein, sortiert die Argumente sowohl auf der Pro- als auch auf der Contra-Seite nach ihrer Stärke. Fangt mit dem aus eurer Sicht stärksten Argument an.
4. Speichert eure Mindmap oder macht einen Screenshot.

Aufbau eines Arguments:

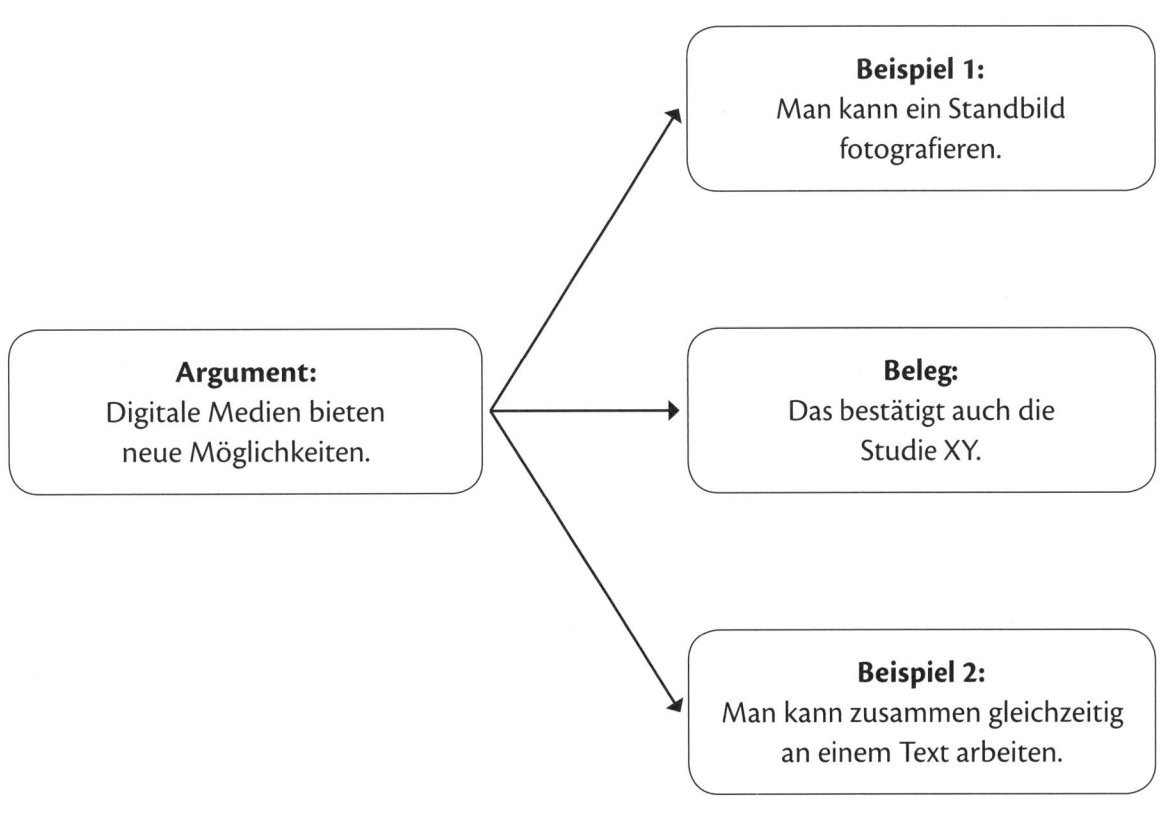

Unterrichtsidee 4.2: Einen Zeitungsartikel gestalten

Mutmacher
Digitale Medien erlauben das ansprechende Gestalten und Formatieren eines Textes. Eine Fähigkeit, die heutzutage in vielen Berufen vorausgesetzt wird. Daher sollten SuS lernen, Texte nicht nur inhaltlich und sprachlich, sondern auch optisch attraktiv zu gestalten.

Ziele / Kompetenzen	Die SuS beschäftigen sich mit der Gestaltung von Zeitungsartikeln. Sie ... • lernen die Gestaltung eines Zeitungsartikels kennen. • nutzen eine Textverarbeitungs-App zur ansprechenden Formatierung und Gestaltung eines Textes. • reflektieren die Bedeutung der Gestaltung von Texten.
Digitale Medien	• PC/Notebook/Tablet (Klassensatz) • Beamer • WLAN im Klassenraum • Textverarbeitungs-App (z.B. Word/Pages/Google Docs) • Notiz-App (z.B. Notability (iOS), FiiNote (Android))
Vorbereitung	• unformatierten Beispieltext auswählen • Schüler müssen einen unformatierten Text für die Stunde vorbereiten
Material	Zeitungsseite
Sozialform	Plenum, Einzelarbeit
Zeitbedarf	2 x 45 Min.

Phase	Unterrichtsverlauf	Sozialform	Material
Einstieg	Die SuS bekommen eine Seite aus einer Zeitung ausgehändigt und beschreiben, wie die Artikel gestaltet sind. Die Lehrperson projiziert zusätzlich ein Foto der Zeitungsseite und notiert bzw. markiert über eine Notiz-App die von den SuS genannten Merkmale direkt im Artikel. Die SuS übernehmen die Notizen.	UG	Beamer PC / Notebook / Tablet
Erläuterung der App	Die Lehrperson erarbeitet mit den SuS die Funktionen der Textverarbeitungs-App, indem ein unformatierter Text gemeinsam mit den SuS am Beamer formatiert wird.	UG	Beamer PC / Notebook / Tablet
Erarbeitung	Die SuS nutzen einen von ihnen geschriebenen Text (z.B. Artikel aus Unterrichtsidee 4.1) und formatieren ihn anhand der zuvor im UG benannten Kriterien. Zusätzlich suchen sie nach einem passenden, lizenzfreien Bild oder fotografieren (mittels Kamera-App) selbst eines, mit dem sie ihren Text bebildern.	EA	PC / Notebook / Tablet
Sicherung	Einzelne Ergebnisse der SuS werden exemplarisch vorgestellt, indem die SuS ihre Artikel nicht nur vorlesen, sondern auch über den Beamer visualisieren. Im Reflexionsgespräch wird geprüft, ob die Gestaltung gelungen ist. Dabei wird auch darüber gesprochen, inwiefern die Gestaltung von Texten zur Lenkung und Beeinflussung des Lesers geschieht.	UG	Beamer PC / Notebook / Tablet

Unterrichtsidee 4.3: Einen Werbeclip analysieren

Mutmacher

Tagtäglich werden wir mit Werbung konfrontiert. Werbeclips gibt es nicht nur im Fernsehen, sondern auch auf Videoplattformen wie z.B. Youtube. Im Sinne einer umfassenden Medienkompetenz sollten SuS in der Lage sein, die Machart, die Funktionsweise und das Ziel von Werbung zu analysieren. Dank des Einsatzes von digitalen Medien kann diese Auseinandersetzung in einem individuellen Tempo stattfinden.

Ziele / Kompetenzen	Die SuS setzen sich mit Werbeclips auseinander. Sie ... • analysieren arbeitsteilig Machart und Funktionsweise von Werbeclips, indem sie einen Werbeclip betrachten. • verfassen kollaborativ ein Dokument zur Ergebnissammlung, indem sie eine Textverarbeitungs-App (Word/Pages/Google Docs) mit der „Zusammenarbeiten"-Funktion benutzen.
Digitale Medien	• Tablet (Klassensatz) • Beamer • WLAN im Klassenraum • Textverarbeitungs-App mit „Zusammenarbeiten"-Funktion (Word/Pages/Google Docs)
Vorbereitung	• Anlegen der Analysetabelle (siehe Arbeitsblatt) bei Word/Pages/Google Docs und Freigabe derselben für alle SuS. *Tipp:* Empfehlenswert ist die Nutzung von Google Docs, da die SuS ohne Registrierung, plattformunabhängig mittels eines Links, der ihnen als QR-Code angeboten werden kann, auf das Dokument zugreifen können. • Zu analysierenden Werbeclip auswählen und den SuS für die individuelle Betrachtung zugänglich machen.
Material	• Lautsprecher • Kopfhörer (Klassensatz) • Arbeitsblatt
Sozialform	Einzelarbeit, Plenum
Zeitbedarf	2 x 45 Min.
Achtung!	Für diesen Unterrichtsentwurf wird grundlegendes Wissen über Werbung und filmanalytische Kategorien vorausgesetzt. Es bietet sich daher an, die Unterrichtsidee an das Ende der Beschäftigung mit dem Thema Werbung zu setzen.

Phase	Unterrichtsverlauf	Sozialform	Material
Einstieg	Die Lehrperson zeigt den SuS einen Werbeclip über den Beamer. Es sollte möglichst ein Werbeclip gewählt werden, bei dem sich Form und Inhalt gut ergänzen und der im Idealfall ein Produkt bewirbt, das die SuS interessiert.	LV	Beamer Tablet Lautsprecher

Erarbeitung	Die SuS erhalten unterschiedliche Analyseaufträge (Arbeitsblatt) und untersuchen den Werbeclip hinsichtlich ihres Schwerpunktes (z.B. Musik/Ton). Dazu schauen sie den ihnen zur Verfügung gestellten Clip mehrfach auf ihrem Tablet an (Kopfhörer!) und machen sich Notizen. Diese Notizen tragen sie auch in ein für sie freigegebenes Google-Docs-Dokument ein.	EA	Tablet Kopfhörer AB 1
Sicherung	Im Plenum werden die im Google-Docs-Dokument zusammengetragenen Ergebnisse über den Beamer gemeinsam betrachtet, von den SuS vorgestellt und ergänzt, sodass die filmtechnischen Mittel mit dem Inhalt in Beziehung gesetzt und analysiert werden. Im abschließenden Gespräch sollte deutlich werden, wie es den Machern von Werbeclips gelingt, Stimmungen aufzubauen und so das Interesse am Produkt bei den Zuschauern zu wecken.	UG	Beamer Tablet

🔆 *Tipp:*

Im Anschluss an die Analyse eines Werbeclips kann die vertiefende, kreative Auseinandersetzung mit dem Thema in Form einer eigenen Videoproduktion stehen. Die SuS planen und erstellen eigene Werbeclips und wenden so das neu gelernte Wissen an. Einen Vorschlag dafür stellt Unterrichtsidee 4.4 dar.

Einen Werbeclip analysieren

Aufgabe 1:

1. Trage deinen Untersuchungsschwerpunkt ein: _____

2. Schau dir den Werbeclip (mehrfach) an und notiere stichpunktartig in der Tabelle, wie Perspektive, Einstellungsgröße, Musik/Ton und Schnitt/Montage in diesem Werbeclip gewählt wurden und wann sie wechseln.

3. Überlege, welche Funktionen die filmtechnischen Mittel haben und achte darauf, inwiefern sie den Inhalt und die Aussageabsicht des Clips unterstreichen. Notiere deine Ergebnisse in der entsprechenden Spalte.

4. Übertrage deine Ergebnisse auch in die passende Zeile im freigegebenen Dokument. Ergänze dabei ggf. die Eintragungen deiner Mitschülerinnen und Mitschüler.

Filmtechnisches Mittel	Gestaltung	Funktion
Kameraperspektive		
Einstellungsgröße		
Musik/Ton		
Schnitt/Montage		

Unterrichtsidee 4.4: Einen Werbeclip erstellen

Mutmacher
Nachdem die SuS sich bereits mit dem Thema Werbung und Werbeclips auseinandergesetzt haben, kann mithilfe digitaler Medien das gelernte Wissen über die Gestaltung und Wirkungsweise von Werbeclips praktisch angewandt werden, indem die SuS selbst einen Werbeclip erstellen.

Ziele / Kompetenzen	Die SuS setzen sich mit Werbeclips auseinander. Sie ... • erstellen selbst einen Werbeclip, indem sie ein Storyboard entwerfen und es anschließend mithilfe von Kamera- und Videoschnitt-App verfilmen und schneiden. • nutzen filmtechnische Mittel, um Stimmungen zu erzeugen und Botschaften zu transportieren. • reflektieren den Einsatz filmtechnischer Mittel.
Digitale Medien	• Tablet (Klassensatz) • Beamer • WLAN im Klassenraum • Kamera-App • Videoschnitt-App (z.B. iMovie (iOS), PowerDirector (Android)) • ggf. kollaborative Whiteboard-App (z.B. BaiBoard 3 (iOS), LiveBoard (iOS/Android)) • ggf. Greenscreen-App (z.B. Do Ink (iOS))
Vorbereitung	• Themen für Werbespots für die SuS bereithalten.
Material	• ggf. Mikrofon • ggf. Greenscreen • Lautsprecher • Arbeitsblatt
Sozialform	Gruppenarbeit, Plenum
Zeitbedarf	4 x 45 Min.
Achtung!	Für diesen Unterrichtsentwurf wird grundlegendes Wissen über Werbung und filmanalytische Kategorien vorausgesetzt. Es bietet sich daher an, die Unterrichtsidee an das Ende der Beschäftigung mit dem Thema Werbung zu setzen.

Phase	Unterrichtsverlauf	Sozialform	Material
Einführung der App	Die Lehrperson erklärt den SuS die Grundfunktionen der Videoschnitt-App (z.B. iMovie oder PowerDirector), indem sie die App über den Beamer präsentiert.	UG	Beamer Tablet
Erarbeitung 1	Die SuS planen in Kleingruppen einen eigenen Werbeclip, indem sie gemeinsam Ideen sammeln und diese in einem Storyboard festhalten. Die Lehrperson hilft bei auftretenden Problemen und hält Anregungen für Werbeclips bereit.	GA	Tablet AB

Erarbeitung 1	*Ergänzung zum Arbeitsblatt:* Es können auch die Apps BaiBoard 3 oder LiveBoard genutzt werden, um kollaborativ am Storyboard zu arbeiten. Dafür erstellt ein Schüler mittels der App ein Board und gibt es für die anderen Gruppenmitglieder frei, sodass diese dort mitarbeiten können. Es bietet sich an, für jede Szene eine neue Seite innerhalb eines Board einzuplanen.	GA	Tablet AB
Erarbeitung 2	Mithilfe ihrer Ideen und Aufzeichnungen erstellen die SuS in den Gruppen einen eigenen Werbeclip. Dazu nutzen sie die Kamera ihres Tablets sowie eine Videoschnitt-App (z.B. iMovie oder PowerDirector). Dafür sollten ihnen über den Klassenraum hinaus weitere Räume zur Verfügung stehen. Die Lehrperson achtet auf einen zielführenden Arbeitsprozess und hilft bei Problemen. *Tipp 1:* Für eine gute Tonqualität sollten externe Mikrofone benutzt und in einer möglichst ruhigen Umgebung gefilmt werden. *Tipp 2:* Durch den Einsatz eines Greenscreen und einer Greenscreen-App werden tolle Effekte und neue Möglichkeiten geschaffen.	GA	Mikrofon ggf. Greenscreen
Sicherung	Die SuS präsentieren ihre Arbeitsergebnisse im Plenum, indem sie ihre Werbeclips vorführen und zur Diskussion stellen. Die anderen SuS äußern Kritik und geben hilfreiche Rückmeldungen. Bei der Bewertung sollte der Fokus auf der Verbindung von Form und Inhalt liegen.	UG	Beamer Tablet Lautsprecher

💡 *Tipp:*

Im Anschluss an die kreative Videoerstellung lässt sich auch eine kurze Einheit zur Kritik an Werbung und ihrer Machart (z.B. Sexismus, falsche Versprechungen, irreführende Angaben ...) anschließen.

Ein Storyboard erstellen

Ein Storyboard ist die zeichnerische Version eines Drehbuchs. Mithilfe von Bildern wird der Ablauf der Filmszenen dargestellt. Dabei werden die wesentlichen Handlungen, Personen und Gegenstände skizziert. Bewegungen von Schauspielerinnen und Schauspielern sowie der Kamera werden durch Pfeile angedeutet.

👥 Aufgabe 1:

Überlegt euch gemeinsam, wie ihr euren Werbeclip gestalten möchtet. Notiert eure Ideen auf diesem Arbeitsblatt.

Inhalt/Handlung: _____

_____

_____

_____

_____

Zielgruppe: _____

Gestaltung (spannend/witzig/düster/mysteriös ...): _____

_____

_____

Orte: _____

Personen: _____

_____

Ton/Musik: _____

_____

👥 Aufgabe 2:

Skizziert in eurem Heft die einzelnen Filmszenen, die ihr plant.
Alternativ könnt ihr auch eine Whiteboard-App nutzen, indem ihr ein Board anlegt, das für alle Gruppenmitglieder freigegeben und gemeinsam bearbeitet wird.

👥 Aufgabe 3:

Verfilmt eure Ideen, indem ihr die Kamera-App eures Tablets nutzt.

👥 Aufgabe 4:

Schneidet anschließend eure Aufnahmen und fügt sie zu einem Werbeclip zusammen. Nutzt dafür eine Videoschnitt-App. Achtet auch auf die Tonspur. Durch das Einfügen von Musik und Toneffekten kann eine besondere Stimmung erzeugt werden.

Themenkomplex 5: Literatur und Kreatives Schreiben (Kl. 7–10)

Lerninhalte

Die Unterrichtsideen zum Thema „Literatur und Kreatives Schreiben" sind für die Klassen 7 bis 10 konzipiert.
Es geht darum, ...

- Leseeindrücke und persönliche Sichtweisen strukturiert festzuhalten.
- einen Leseprozess zu dokumentieren.
- sich kreativ mit verschiedenen Inhalten auseinanderzusetzen.
- Inhalte korrekt wiederzugeben und Fragen richtig zu beantworten.
- Bilder zu interpretieren.
- Inhalte von einem Medium auf ein anderes zu übertragen.

Unterrichtsideen

Titel	Medien
5.1 Ein Lesetagebuch/E-Book erstellen	• Tablet • Beamer, ggf. AppleTV o. Ä. • WLAN • App Book Creator (iOS) oder Textverarbeitungs-App (z.B. Word/Pages/Google Docs)
5.2 Einen Lesetest appgestützt durchführen	• Tablet • Beamer, ggf. AppleTV o. Ä. • WLAN • Test-/Quiz-App (z.B. Socrative (iOS/Android/Windows))
5.3 Ein Gemälde vertonen	• Tablet • Beamer, ggf. AppleTV o. Ä. • WLAN • Videoschnitt-App (z.B. iMovie (iOS), PowerDirector (Android)) • Tonaufnahme-App (z.B. Voice Recorder (iOS)) • ggf. App Garage Band (iOS)

Unterrichtsidee 5.1: Ein Lesetagebuch/E-Book erstellen

Mutmacher

Warum nicht mal eine Klassenarbeit durch eine Portfolioarbeit ersetzen? Mittels digitaler Medien lassen sich Portfolioarbeiten noch kreativer gestalten. Ein digitales Portfolio zu erstellen, ist nicht schwierig und erweitert die Möglichkeiten eines gedruckten Portfolios um das Einfügen von Audio- und Videodateien sowie um die Nutzung von Hypertext-Strukturen. Auch eine anschließende Veröffentlichung wäre unter Beachtung des Copyrights möglich.

Ziele / Kompetenzen	Die SuS setzen sich mit einem literarischen Werk kreativ auseinander. Sie ... • erstellen ein Lesetagebuch als Portfolioarbeit, in dem sie ihre zur Beschäftigung mit dem Werk gehörenden Dokumente sammeln. • nutzen die Möglichkeiten der digitalen Medien, indem sie ihr Portfolio beispielsweise mit Video- und Audiodateien anreichern.

Digitale Medien	• Tablets (Klassensatz) • Beamer • WLAN im Klassenraum • App Book Creator oder Textverarbeitungs-App (Word/Pages/Google Docs)
Vorbereitung	Beispiel für gelungenes Portfolio auswählen
Material	Arbeitsblatt 1, Arbeitsblatt 2 (Bewertungsbogen)
Sozialform	Einzelarbeit, Partnerarbeit, Gruppenarbeit, Plenum
Zeitbedarf	18 x 45 Min. (parallel zur Unterrichtsreihe)
Achtung!	Wenn die Portfolioarbeit in großen Teilen in der Eigenverantwortung der SuS liegt (z.B. als Stationenlernen), sollten sie in regelmäßigen Abständen ihren Arbeitsprozess reflektieren. Eine Möglichkeit ist die sogenannte Blitzlichtrunde, in der die SuS im Kreis sitzen und nacheinander den individuellen Stand ihres Arbeitsprozesses und gegenwärtige Probleme beschreiben. So wird verhindert, dass sich die SuS bei ihrer Zeiteinteilung verschätzen.

Phase	Unterrichtsverlauf	Sozialform	Material
Einstieg	Die Lehrperson präsentiert den SuS über einen Beamer ein gelungenes digitales Portfolio. Es bietet sich an, entsprechende Portfolios für solche Präsentationen anonymisiert aufzubewahren.	LV	Beamer Tablet
Einführung der App	Die SuS probieren die App Book Creator aus, indem sie testweise damit Texte verfassen, neue Seiten erstellen und Bilder sowie Audio- und Videodateien einfügen. Bei Fragen helfen sie sich gegenseitig oder fragen die Lehrperson.	EA	Tablet
Erarbeitung	Die SuS erstellen während der Lektüre einer Ganzschrift ein Portfolio, in dem sie die Ergebnisse der Bearbeitung von Pflicht- und Wahlaufgaben dokumentieren. Darüber hinaus fügen sie in das Portfolio weitere Texte, Bilder und sonstige Dokumente ein, die sie während der Beschäftigung mit der Lektüre erstellt haben. Es bietet sich an, den SuS zu Beginn der Lektüre eine Übersicht der Aufgaben (aufgeteilt in Pflicht-, Arbeitsplan- und Wahlaufgaben) sowie eine Materialliste für das Portfolio zu geben, anhand derer das Portfolio anschließend auch bewertet wird.	EA PA GA	Tablet
Vertiefung	Die Portfolioarbeit, die – je nach Konzept – ein hohes Maß an selbstständigem Lernen von den SuS verlangt, sollte von ihnen zum Abschluss reflektiert werden. Dazu bietet sich ein Reflexionsbogen an, dessen Ausfüllen mit in die Bewertung einfließen kann. Auch das Schreiben eines Vorworts könnte für die SuS verbindlich gemacht werden.	EA	Tablet AB 1

| Sicherung | Die Arbeitsergebnisse sind im Portfolio gesichert. Die fertigen Arbeiten können auf einer schulinternen Lernplattform der gesamten Klasse zur Verfügung gestellt werden. Nach Abschluss der Arbeiten sollten die Portfolios im Plenum besprochen und einige besonders gelungene Arbeiten exemplarisch und wertschätzend vorgestellt werden. | UG | Beamer |
| | *Tipp:* Zur übersichtlichen und transparenten Bewertung kann ein Bewertungsbogen entwickelt und eingesetzt werden. | | AB 2 |

☼ *Tipp:*

Besonders gelungene Exemplare können auf der Schulhomepage oder über die „Veröffentlichen"-Funktion der App Book Creator zugänglich gemacht werden. Dabei ist allerdings besonders auf das Einhalten des Copyrights und der Persönlichkeitsrechte zu achten.

Reflexionsbogen: Portfolioarbeit

Name: _____

An meinem Portfolio gefällt mir besonders:

_____

_____

_____

_____

Was habe ich beim Erstellen meines Portfolios gelernt?

_____

_____

_____

_____

Was könnte ich zu diesem Thema noch erarbeiten?

_____

_____

_____

_____

Cornelsen   Digital unterrichten – Deutsch 5–10

Bewertungsbogen: Portfolioarbeit

Name: _____

Äußere Form		Bewertung
Deckblatt	An das Thema angepasste Gestaltung, Kreativität, Name, Schuljahr, Titel	/7
Gesamteindruck	Wurde sorgfältig und sauber gearbeitet?	/10
Schrift	Ist alles lesbar/wurden passende Schriftarten gewählt?	/5
Layout	Anordnung der Texte/Materialien, Übersichtlichkeit, Einheitlichkeit	/5
Inhaltsverzeichnis	Seitenzahlen, übereinstimmende Überschriften im Text	/3
		/30

Inhalt		
Vollständigkeit	Wurden alle geforderten Aufgaben bearbeitet?	/10
Vorwort	Ist ein einleitendes Vorwort vorhanden?	/5
Reflexion	Wurde der Reflexionsbogen genutzt?	/5
Pflichtaufgaben	Inhalt, Qualität, Kreativität	/15
Wahlaufgaben	Inhalt, Qualität, Kreativität	/5
Zusatzaufgaben	Wurden z.B. mehr als die geforderten Aufgaben bearbeitet?	/(5)
		/40

Darstellungsleistung	
A, Sb	/4
R, Z, Gr, T	/6
	/10
	/80

Punkte:	80 – 72	71 – 60	59 – 48	47 – 36	35 – 24	23 – 0
Note:	sehr gut	gut	befriedigend	ausreichend	mangelhaft	ungenügend

Bemerkungen:

Note:

Unterschrift eines Erziehungsberechtigten:

Unterrichtsidee 5.2: Einen Lesetest appgestützt durchführen

Mutmacher

Um das Leseverständnis zu erheben, eignen sich Lesetests, in denen Inhalte aus dem gelesenen literarischen Werk abgefragt werden. Klassischerweise erfolgt dies über ein kleines Quiz, das unter klassenarbeitsähnlichen Bedingungen nach der Lesephase durchgeführt wird. Anschließend wertet die Lehrperson die Tests aus.

Hier können digitale Medien zumindest einen Teil der Arbeit abnehmen. Wie dies gehen kann, soll beispielhaft an der App Socrative gezeigt werden, die beim Anlegen des Quiz als richtig definierte Antworten auch als solche erkennt und auswertet.

Ziele / Kompetenzen	Die SuS setzen sich mit dem Inhalt eines zuvor gelesenen literarischen Werkes auseinander. Sie ... • erzählen Inhalte nach. • beschreiben Personen. • interpretieren Ereignisse und Verhaltensweisen.
Digitale Medien	• Tablet (Klassensatz) • Beamer • WLAN im Klassenraum • Test-/Quiz-App Socrative oder Internetseite Socrative
Vorbereitung	• Beispiel-Quiz zur Einführung auswählen • mithilfe der App ein Quiz mit Fragen zum literarischen Werk vorbereiten
Sozialform	Plenum, Einzelarbeit
Zeitbedarf	1 x 45 Min.
Achtung!	Die App Socrative kann Wahr-/Falsch- sowie Multiple-Choice-Fragen auswerten. Bei Freitextantworten stößt die App jedoch an ihre Grenzen, sodass hier oft noch von Hand ausgewertet werden muss. Während der Registrierung des Lehreraccounts auf der Internetseite Socrative wird ein eigener Code für einen virtuellen Klassenraum erstellt. Dieser dient dazu, dass die SuS das von der Lehrperson im virtuellen Raum gestartete Quiz auch finden. *Tipp:* Es bietet sich an, z.B. das eigene Lehrerkürzel für den Raumcode zu verwenden, da es den SuS oftmals bekannt ist.

Phase	Unterrichtsverlauf	Sozialform	Material
Einstieg und Einführung der App	Die Lehrperson erklärt den SuS die App mithilfe des Beamers und eines Beispiel-Quiz. Dazu nennt sie den SuS den Raumcode.	UG	Beamer Tablet
Erarbeitung	Die SuS öffnen die App „Socrative Student", geben den Raumcode ein und beantworten die ihnen gestellten Fragen. Die Antworten auf die bei Lesetests häufig eingesetzten Multiple-Choice-Fragen werden von der App direkt als richtig oder falsch erkannt und – je nach Einstellung – nur der Lehrperson oder auch den SuS gespiegelt.	EA	Beamer Tablet

Vertiefung	Die Lehrperson sieht in der App „Socrative Teacher" die von den SuS eingegebenen Antworten in einer übersichtlichen Tabelle und kann nach Belieben die Ergebnisse über den Beamer (anonymisiert) visualisieren und diskutieren lassen. Dabei bietet es sich an, die Antworten im Gespräch zu erläutern und zu vertiefen.	UG	Beamer Tablet
Sicherung	Die Ergebnisse stehen der Lehrperson nach Beendigung des Quiz sowohl im PDF- als auch im Excel-Format in einer Klassenübersicht (nach Fragen sortiert) sowie in einer individuellen Schülerauswertung zur Verfügung. Letztere kann den SuS auch (benotet) ausgehändigt werden.		Tablet

ⓘ *Hinweis:*

Bei der App Socrative lassen sich viele Parameter einstellen:

- Bei der Art der Testdurchführung kann ausgewählt werden, ob die Lehrperson durch die Fragen navigiert oder ob dies die SuS selbst übernehmen.
- Es kann festgelegt werden, ob die SuS nach einer beantworteten Frage später noch einmal zu dieser zurückkommen und die Antwort gegebenenfalls ändern können.
- Es kann eingestellt werden, ob die App nach Beantwortung einer Frage direkt eine Rückmeldung zur Richtigkeit der Antwort geben soll.
- Es ist möglich, die Reihenfolge der Fragen und/oder der Antworten bei allen Teilnehmern per Zufall bestimmen zu lassen.

Die App erfordert keine Registrierung seitens der SuS und je nach gewählter Einstellung noch nicht einmal die Eingabe eines Namens.

☀ *Tipp:*

Über die App lassen sich auch ganz einfach und schnell Abstimmungen durchführen und Meinungsbilder einholen.

Unterrichtsidee 5.3: Ein Gemälde vertonen

Mutmacher

Durch den Einsatz von digitalen Medien lassen sich Audio- und Videoaufnahmen bedeutend leichter anfertigen. Um ein Gemälde filmisch zu vertonen, wird somit lediglich ein digitales Endgerät mit Videoschnittsoftware sowie eingebautem Mikrofon benötigt und schon lassen sich jahrhundertealte „Schinken" quasi zum Leben erwecken.

Ziele / Kompetenzen	Die SuS setzen sich mit einem Gemälde kreativ auseinander. Sie ... • üben den Perspektivwechsel. • drücken Gefühle und Gedanken aus. • interpretieren ein Bild, indem sie Ausschnitte wählen und die Figuren sprechen und laut denken lassen. • transformieren ein Gemälde in einen kleinen Videofilm.
Digitale Medien	• Tablet (Klassensatz) • Beamer • WLAN im Klassenraum • Videoschnitt-App (z.B. iMovie (iOS) oder PowerDirector (Android)) • App Padlet (iOS/Android/Windows) • ggf. Tonaufnahme-App (z.B. Voice Recorder (iOS)) • ggf. App Garage Band (iOS)
Vorbereitung	• Padlet-Pinnwand für die Ergebnispräsentation erstellen (siehe im Vorwort „Hilfreiche Apps zum Classroom-Management") • Vorschläge für vertonbare Gemälde zusammenstellen
Material	• Mikrofon (pro Gruppe) • Kopfhörer (Klassensatz) • Arbeitsblatt 1, Arbeitsblatt 2 (Bewertungsbogen)
Sozialform	Plenum, Gruppenarbeit
Zeitbedarf	4 x 45 Min.
Achtung!	Damit es keine Probleme mit dem Urheberrecht gibt, sollte die Padlet-Pinnwand auf „geheim" eingestellt werden. So kann die Pinnwand nur aufrufen, wer die genaue Internetadresse hat.

Phase	Unterrichtsverlauf	Sozialform	Material
Einstieg	Den SuS wird ein Ausschnitt aus einem Gemälde gezeigt, auf dem Menschen zu sehen sind. Sie formulieren spontan mögliche Äußerungen und Gedanken der abgebildeten Personen. Im Anschluss an diesen, die Kreativität weckenden Zugang zeigt die Lehrperson den SuS das komplette Gemälde und stellt Maler, Titel und Entstehungsjahr vor. Den SuS wird auffallen, dass ihre Gedanken durch die Fokussierung auf einen kleinen Ausschnitt des Bildes in eine Richtung gelenkt wurden und sich bei der Verwendung mehrerer Ausschnitte ganze Geschichten mit einem Bild erzählen lassen.	UG	Beamer Tablet

Einführung der App	Die Lehrperson importiert ein Gemälde in eine Videoschnitt-App (z.B. iMovie, PowerDirector) und zeigt den SuS, wie sie durch das Vergrößern und Verschieben des Bildes leicht verschiedene Bildausschnitte erzeugen können. Im Anschluss erklärt sie, wie sich Tonaufnahmen mittels einer App, wie z.B. iMovie, PowerDirector oder Voice Recorder erstellen lassen.	LV	Beamer Tablet
Erarbeitung 1	Die SuS suchen sich selbst ein Gemälde aus dem Internet oder wählen eines von mehreren durch die Lehrperson zur Verfügung gestellten oder verlinkten Gemälden aus. So entstehen erfahrungsgemäß Gruppen mit maximal 5 SuS. Sollten Bilder nur von einzelnen SuS ausgewählt worden sein, sollten diese neu wählen, damit sie sich einer Gruppe anschließen können.	EA	Tablet
Erarbeitung 2	Die SuS beschäftigen sich zuerst in Einzelarbeit mit dem Gemälde und tauschen sich anschließend über ihre Ideen aus. Haben sie sich auf eine Geschichte geeinigt, vertonen sie das Bild in ihrer Gruppe. Neben der Tonaufnahme-App können sie auch eine App zur Erzeugung von Tönen und Melodien wie z.B. Garage Band nutzen.	EA GA	Tablet AB 1 Mikrofon
Sicherung	Die SuS laden ihr vertontes Gemälde auf der virtuellen Padlet-Pinnwand hoch (siehe im Vorwort „Hilfreiche Apps zum Classroom-Management"). So können alle erstellten Vertonungen von den SuS unkompliziert und schnell aufgerufen, angeschaut, kommentiert und bewertet werden.	EA	Tablet Kopfhörer
Vertiefung	Im Plenum reflektieren die SuS sowohl den Arbeitsprozess als auch ihre Ergebnisse. Zur Erleichterung des Reflexionsprozesses sowie zur Bewertung kann auch ein Bewertungsbogen (Arbeitsblatt 2) eingesetzt werden.	UG	Beamer Tablet AB 2

💡 *Tipp:*

Beispiele für zur Vertonung geeignete Bilder:
- Giovanni Agostino da Lodi: Fußwaschung der Apostel (1500)
- Dirck van Baburen: Die Kupplerin (1622)
- Friedrich Peter Hiddemann: Ein Fremder im Eisenbahnabteil (1892)
- Richard Lindner: Das Treffen (1953)
- Felix Nussbaum: Dreierporträt (1944)

Ein Gemälde vertonen

Heute haucht ihr einem alten Gemälde Leben ein, indem ihr damit einen kurzen Film erstellt. Ihr lasst Figuren sprechen sowie laut denken und lenkt die Aufmerksamkeit des Betrachters mittels gezielt gewählter Ausschnitte auf spezielle Geschehnisse und Details. Ihr werdet zum Regisseur eures eigenen Kurzfilms.

Aufgabe 1:

1. Suche nach einem Gemälde im Internet oder wähle eines der dir zur Verfügung stehenden aus.
2. Überlege dir eine Geschichte, die du mit der Vertonung des Gemäldes erzählen willst.
   Diese Leitfragen sollen dir bei der Ideenfindung helfen:
   - Wer sind die auf dem Gemälde zu sehenden Personen?
   - In welchem Verhältnis stehen sie zueinander?
   - Wo befinden sie sich?
   - Warum sind sie zusammen zu sehen?
   - Hat einer oder haben gar mehrere von ihnen ein Geheimnis?

   Achte besonders auf Blicke, Mimik, Gestik und Körperhaltung, aber auch auf Kleidung und Position der Person/en im Gemälde.
3. Bilde eine Gruppe mit maximal vier Mitschülerinnen und Mitschülern, die das gleiche Bild gewählt haben.

Aufgabe 2:

Stellt euch gegenseitig eure Ideen vor und einigt euch auf eine Geschichte.

Aufgabe 3:

1. Startet eure Videoschnitt-App.
2. Importiert die Bilddatei des gewählten Gemäldes.
3. Wählt durch Verschieben und Vergrößern einen Bildausschnitt und nehmt mithilfe der Tonaufzeichnungs-App den zum Ausschnitt passenden Monolog oder Dialog auf.
4. Importiert die Aufnahme in die Videoschnitt-App und legt sie als Tonspur unter die Bildspur, die ihr von der Länge her auf die Tonspur anpasst.
5. Wiederholt die Schritte 2. bis 4. so oft, bis ihr eure Geschichte erzählt habt. Euer Video sollte nicht länger als 3 Minuten sein!
6. Falls ihr noch Zeit habt: Unterlegt eure Geschichte noch mit Tönen und/oder Musik.
   Dazu könnt ihr z.B. mithilfe der App Garage Band Töne und Musik erstellen, exportieren und als Musiktonspur in eure Videoschnitt-App laden.

Aufgabe 4:

1. Öffnet die von eurer Lehrerin oder eurem Lehrer erstellte virtuelle Pinnwand und ladet dort euer fertiges Video hoch. Vergesst nicht, dem Video einen Titel zu geben.
2. Betrachtet die Videos eurer Mitschülerinnen und Mitschüler. Kommentiert und bewertet sie auf der Pinnwand.

Bewertungsbogen: Ein Gemälde vertonen

Gruppe	
Vertontes Gemälde	

	Kriterien	☺ / 😐 / ☹
Handlung	Gibt es einen Dialog oder (inneren) Monolog?	
	Erzählt der Film eine (spannende/lustige/kreative/...) Geschichte?	
	Wie gut passt das Thema des Textes zum Bild?	
	Wie originell ist das gewählte Thema?	
	Sind Höhepunkt(e) und/oder Wendepunkt(e) vorhanden?	
	Wird ein Spannungsbogen erzeugt?	
	Passen Ausdrucksvermögen, Stilebene und Wortwahl zum Thema und zu den Personen auf dem Bild?	
Darstellung	Hält der Film sich an die Zeitvorgabe?	
	Sind sinnvolle Einstellungsgrößen gewählt worden (z.B. Totale, Close-up, Detail)?	
	Wurden die Schnitte inhaltlich passend gesetzt?	
	Ist die Stimme bzw. sind die Stimmen gut zu verstehen?	
	Wie passen Film und Sprache/Text zusammen?